"O livro de Provérbios é a  divina. Lydia Brownback aplica [...] muito prática às questões que as mulheres enfrentam. Mais do que uma simples leitura, este é um livro para estudo, um valioso recurso de estudo bíblico para mulheres."

Jerry Bridges, autor de The Pursuit of Happiness

"Assentar diante da mulher vestida de linho púrpura de Provérbios 31 e observar sua força interior, ouvir o seu riso confiante, admirar seu temor reverente e compreender suas sábias maneiras. É isto que as páginas de *A Sabedoria da Mulher* proporcionam a seus leitores, à medida que somos convidados a nos saciarmos na fonte da verdadeira sabedoria das Escrituras, onde encontramos o que precisamos para viver em um mundo cheio de distrações, decisões, dilemas, decepções e deleites. Este livro adequa-se tanto a manhãs de calma reflexão pessoal, como a debates vigorosos em um grupo de bons amigos."

Nancy Guthrie, professora da Bíblia; autora de As bençãos de Apocalipse.

"É tão revigorante fazer uma leitura que abrange as circunstâncias que toda mulher enfrenta, sob uma única perspectiva: a deslumbrante sabedoria de Deus. Muitos livros como este começam com pressupostos culturais que, no final, servem apenas para enfraquecer sua efetividade. Somente a sabedoria de Deus pode nos ajudar a enfrentar as pressões e insanidades da cultura em nosso meio, e nos ensinar a liberdade de sermos aquilo que fomos criados para ser, e viver da maneira como fomos criados para viver. Leia e descubra como a sabedoria de Deus pode ser eloquente e transcendente, ao mesmo tempo que concreta e prática."

Paul David Tripp, Presidente do Paul Tripp Ministries; autor de What Did You Expect? Redeeming the Realities of Marriage.

"Em tempos nos quais estamos frequentemente inclinados a aceitar sugestões úteis ou superficialidades piedosas, este livro nos dirige à fonte da jóia rara, a verdadeira sabedoria. Lydia Brownback possui uma profunda percepção e a leveza de toque necessária para fazer o livro de Provérbios parecer vivo para seus leitores. Se o seu coração anseia por um lugar sólido nas constantes mudanças da vida cotidiana, você vai encontrar aqui um guia seguro e uma fonte revigorante da verdade."

Liam Goligher, Pastor Sênior da Tenth Presbyterian Church, Philadelphia, Pennsylvania; autor de The Jesus Gospel.

"Depois de ler metade do primeiro capítulo, pensei: 'minha esposa vai amar este livro!'. Depois de ler metade do livro, pensei: 'Estou amando este livro!'. Minhas razões são diversas: O estudo feito por Lydia Brownback em Provérbios é bíblico, prático, íntegro, convincente, instrutivo, transformador e centrado em Cristo. Com sabedoria, destreza e frases cuidadosamente elaboradas, este livro ajuda as mulheres (e homens também!) a descansarem na fonte de toda sabedoria, Jesus. Leia, e você vai amar este livro também!"

Doug O'Donnel, Pastor Sênior da New Convenant Church, Na-

perville, Illinois; autor de *The Beggining and End of Wisdom*

"A beleza dos Provébios é que, em sua natureza própria, eles são infinitos e eternos. Uma criança ainda bem pequena é capaz de memorizá-los e aplicá-los num nível mais básico, ao passo que o adulto mais idoso pode meditar neles e aplicá-los durante toda a vida. Neste maravilhoso livro, Lydia Brownback aplica os provérbios às mulheres de hoje. Trazendo tanto a correta interpretação quanto a aplicação ao coração, este livro oferece a mesma sabedoria infinita e eterna a esta nova geração de mulheres."

Tim e Aileen Challies, Grace Fellowship Church, Toronto, Ontario. Blog: Challies.com

"Lydia Brownback tira da sabedoria de Provérbios aplicações sábias e práticas para as mulheres. Seu clamor claro e consistente é para que abracemos a sabedoria plena de Deus, que nos foi dada em Cristo."

Kathleen Nielson, diretora de Women's Initiatives, The Gospel Coalition; autora e palestrante de Living Word Bible studies e de Following The Ways of the Word.

MULHERES SÁBIAS

LYDIA BROWNBACK

Dados Internacionais de Catalogação na Publicação (CIP)
(Câmara Brasileira do Livro, SP, Brasil)

Brownback, Lydia
   Mulheres sábias / Lydia Brownback ; [tradução Laura Macal Lopez]. -- São José dos Campos, SP : Editora Fiel, 2013.

   Título original: A woman's wisdom : how the book of Proverbs speaks to everything.
   ISBN 978-85-8132-131-8

   1. Bíblia A.T. Provérbios - Crítica e interpretação 2. Mulheres cristãs - Conduta de vida I. Título.

13-04495   CDD-223.706

   Índices para catálogo sistemático:
   1. Provérbios : Bíblia : Antigo Testamento :
   Interpretação e crítica 223.706

Mulheres Sábias
Traduzido do original em inglês
A Woman's Wisdom:
How the Book of Proverbs Speaks to Everything
Copyright © 2012 Lydia Brownback

∎

Publicado por Crossway Books,
Um ministério de publicações de
Good News Publishers
1300 Crescent Street
Wheaton, Illinois 60187, USA.

Copyright © 2012 Editora Fiel

Primeira Edição em Português: 2013

Todos os direitos em língua portuguesa reservados
por Editora Fiel da Missão Evangélica Literária

PROIBIDA A REPRODUÇÃO DESTE LIVRO POR QUAISQUER
MEIOS, SEM A PERMISSÃO ESCRITA DOS EDITORES,
SALVO EM BREVES CITAÇÕES, COM INDICAÇÃO DA FONTE.

∎

Diretor: Tiago J. Santos Filho
Editor-Chefe: Vinicius Musselman Pimentel
Editora: Renata do Espírito Santo
Coordenação Editorial: Gisele Lemes
Tradução: Laura Macal Lopez
Revisão: Elaine Regina Oliveira dos Santos
Diagramação: Rubner Durais
Capa: Rubner Durais

ISBN impresso: 978-85-8132-131-8
ISBN e-book: 978-85-8132-338-1

Caixa Postal 1601
CEP: 12230-971
São José dos Campos, SP
PABX: (12) 3919-9999
www.editorafiel.com.br

**Com gratidão a Deus
por
Jamie, Sam, Drew e Max**

Que cada um de vocês conheça as bênçãos da Sabedoria,
em cada dia de suas vidas.

*Feliz o homem que acha sabedoria,
e o homem que adquire conhecimento; porque melhor é o lucro que
ela dá do que o da prata, e melhor a sua renda do que o ouro mais fino.
Mais preciosa é do que pérolas, e tudo o que podes desejar
não é comparável a ela.*
Provérbios 3.13-15

SUMÁRIO

Prefácio 11
Introdução 15

Parte Um   O que é sabedoria e por que ela é importante?
          1. O que, exatamente, é a sabedoria? 23
          2. Por que a insensatez é realmente ruim? 51

Parte Dois   Seis coisas que a mulher sábia compreende
          3. A mulher sábia conhece o poder das palavras 63
          4. A mulher sábia escolhe cuidadosamente seus amigos 89
          5. A mulher sábia conhece o segredo do autocontrole 111
          6. A mulher sábia sabe como pensar, sentir e desejar 129
          7. A mulher sábia é experiente em finanças 151
          8. A mulher sábia resguarda sua sexualidade 163

Parte três   Uma imagem da sabedoria
          9. A mulher de Provérbios 31 193

Guia de Estudo 225
Apêndice A – Alguns tópicos em Provérbios 255
Apêndice B – Alguns bons livros para mulheres sábias 261
Notas 265

Prefácio

O que te atraiu a este livro? Muito provavelmente o fato de haver algo na sabedoria que chama sua atenção, que atrai seu coração.

É verdade que há um certo tipo de sabedoria que apenas o passar do tempo pode outorgar, mas fora de Deus e de Sua Palavra, mesmo esta sabedoria torna-se suspeita, porque não há sabedoria verdadeiramente confiável fora de Deus. A verdadeira sabedoria consiste em conhecê-Lo e confiar nEle. Não conquistamos esta sabedoria vivendo uma vida longa. Nem tampouco dando o melhor de nós para trilhar os caminhos de sabedoria que nos são apresentados no livro de Provérbios. Ainda que fôssemos capazes de seguir estas veredas, algo que não somos capazes de fazer, deixaríamos de lançar mão da verdadeira sabedoria, pois ela só é encontrada em Cristo.

> *"Reparai, pois, na vossa vocação; visto que não foram chamados muitos sábios segundo a carne, nem muitos poderosos, nem muitos de nobre nascimento; pelo contrário, Deus escolheu as coisas loucas do mundo para envergonhar os sábios e escolheu as coisas fracas do mundo para envergonhar as fortes; e Deus escolheu as coisas humildes do mundo, e as desprezadas, e aquelas que não são, para reduzir*

> a nada as que são; a fim de que ninguém se vanglorie na presença de Deus. Mas vós sois dele, em Cristo Jesus, o qual se nos tornou, da parte de Deus, sabedoria." (1 Coríntios 1.26-30)

Você conhece a Cristo? Se você realmente O conhece, pertence a Ele. Não pode ser diferente. Se você não tirar nada mais da leitura deste livro, pense apenas nisto: Cristo tornou-se para nós a sabedoria de Deus.

O livro de Provérbios nos fornece um roteiro poético de como Deus criou o mundo para que funcionasse; portanto, seguir a sua orientação prática diária certamente tornará sua vida mais agradável. No entanto, separada de sua fonte divina, mesmo esta prática vem a se tornar vazia. Isso foi o que descobriu o Rei Salomão, o principal autor de Provérbios.

Em seus melhores dias, o rei Salomão foi, sem dúvida, o mais sábio dos homens. Sendo jovem e recém-coroado rei, ele orou pedindo habilidade para governar o povo de Deus com sabedoria, e Deus lhe respondeu poderosamente, tanto que "Todo o mundo procurava ir ter com ele para ouvir a sabedoria que Deus lhe pusera no coração" (1 Reis 10.24). As pessoas vinham de todos os lugares do mundo para pedir-lhe conselho. Depois de algum tempo, entretanto, Salomão começou a entregar seu coração às recompensas mundanas de sua sabedoria, em vez de buscar a fonte dela; e o mais sábio de todos os homens acabou fazendo coisas terrivelmente insensatas. O mesmo acontecerá conosco, se tentarmos usar Provérbios como um meio espiritualizado de autoajuda.

O objetivo de Provérbios não é melhorar nossas vidas, apesar de que seguir sua instrução certamente trará uma melhora ao nosso viver. O objetivo do livro é direcionar-nos Àquele que concede a sabedoria. Jesus disse a respeito de Si mesmo: "A rainha do Sul se levantará, no Juízo, com esta geração e a condenará; porque veio dos confins da terra para ouvir a sabedoria de Salomão. E eis aqui está quem é maior do que Salomão (Mateus 12.42).

A sabedoria é uma pessoa, e nos tornamos sábios através da nossa união com Ele. As obras de sabedoria – seu fruto – discutida nos capítulos seguintes, são todas enraizadas nessa verdade. Faço minhas as esperanças do apóstolo Paulo:

> "Para que o coração deles seja confortado e vinculado juntamente em amor, e eles tenham toda a riqueza da forte convicção do entendimento, para compreenderem plenamente o mistério de Deus, Cristo, em quem todos os tesouros da sabedoria e do conhecimento estão ocultos" (Colossenses 2.2-3).

Lydia Brownback
Maio de 2011

Introdução

Livros de conselhos não são tendência de curta duração. Eles continuam no topo da lista dos mais vendidos, e os novos lançamentos preenchem os carrinhos de compras do Amazon centenas de vezes por dia. A popularidade de tais livros não está susceptível a diminuir, mesmo que a "sabedoria" de grande parte do que é oferecido seja transitória e prove ser superficial a longo prazo. Livros de conselhos não seriam tão populares se as pessoas abraçassem apenas a sabedoria dos caminhos de Deus, mas, uma vez que os caminhos de Deus – os conselhos das Sagradas Escrituras – são rejeitados, até as alternativas mais superficiais são atrativas.

O problema para muitos de nós é que queremos uma fórmula: três passos simples para uma boa vida. Em meio a vidas tão meticulosamente programadas, é muito mais fácil passar pelo drive-thru do McDonald's do que preparar um jantar nutricionalmente balanceado. Pela mesma razão, é muito mais fácil digerir uma leitura rápida sobre o nosso problema do dia do que ter tempo para estudar a Palavra de Deus. Nós não "temos tempo" para conhecê-Lo. Talvez amanhã, pensamos, mas hoje nós só queremos algumas indicações sobre como minimizar o estresse, equilibrar o orçamento, e fazer as crianças se comportarem.

Um olhar através do livro de Provérbios nos mostra exatamente o que parecemos precisar: conselhos curtos, concisos, em formato de sentenças curtas. Contudo, se nos aproximarmos do livro de Provérbios com uma mentalidade "solução rápida", vamos perder o objetivo primordial do livro: conhecer e aprender a amar o Autor da sabedoria. É somente através de conhecer e amar a Deus – o que o livro de Provérbios chama de "temor do Senhor" – que nós entenderemos como aplicar seus conselhos práticos.

Nós mulheres precisamos de conselhos práticos para a vida, contudo, mais do que isso, precisamos do coração entregue Àquele que governa todas as nossas questões práticas. O livro de Provérbios é a chave para os dois. Esta sabedoria é eterna. Apesar de que o livro de Provérbios foi escrito para um povo em particular – primeiramente para jovens rapazes na antiga Israel – esta sabedoria e a necessidade de obtê-la são a mesma em cada era, tanto para homens quanto para mulheres. O que muda são as circunstâncias às quais ela se aplica. Nós talvez não enfrentemos as mesmas dificuldades que as mulheres daquele tempo enfrentaram, mas nós enfrentamos desafios muito reais: praticar feminilidade bíblica em um mundo que nos despreza por isso; manter-se sexualmente pura em uma sociedade saturada de sexo; lidar com nossa liberdade, independência, e recursos materiais sabiamente; manter um casamento que glorifica a Deus; colocar prioridades bíblicas acima das pressões do dia a dia.

Alguns vão se surpreender, ao saber que Provérbios aborda todas essas coisas. Na verdade, não há área da vida na qual precisamos de sabedoria que Provérbios não aborde. Isso porque toda a sabedoria é resumida desta forma: "O temor do Senhor é o princípio da sabedoria, e o conhecimento do Santo é o discernimento" (9.10, veja também 1.7). Uma vez que entendemos isso – e abraçamos isso – estaremos equipados para lidar com os conselhos práticos.

Em suas mãos está um livro para mulheres, sobre a sabedoria a ser adquirida no livro de Provérbios. Você vai encontrar nove capítulos que pode ler sozinha ou em pequenos grupos com o guia de estudo que acompanha a parte final do livro. O que veremos, à medida que atenciosamente olhamos Provérbios, é que os verdadeiros mananciais de sabedoria vêm do temor do Senhor.

A *Parte 1*, "O que é a sabedoria e porque ela é importante?", tem base nos capítulos 1-3 e 8-9 de Provérbios. Aqui examinaremos por que buscar a sabedoria bíblica, a qual Provérbios chama de "temor do Senhor", é o chamado primário de toda mulher cristã. A mulher sábia é aquela que:

- Reconhece a soberania de Deus sobre tudo o que acontece;
- Submete-se à ordem do mundo estabelecida por Deus;
- Coloca Cristo acima de tudo em sua vida;
- Confia na bondade do caráter de Deus;
- Guarda seu coração na verdade bíblica.

Um dos modos como Provérbios nos mostra as bênçãos da sabedoria é contrastando o sábio com o insensato, a fim de que olhemos não somente as características dos sábios, como também as dos tolos.

A *Parte 2*, "Seis coisas que a mulher sábia sabe", aplica a sabedoria bíblia a seis aspectos da vida da mulher: (1) suas palavras; (2) suas amizades; (3) seus apetites físicos; (4) suas emoções; (5) seu dinheiro e (6) sua sexualidade.

A *Parte 3*, "Um retrato da sabedoria", oferece uma ilustração bíblica de tudo o que vamos estudar nas partes 1 e 2. O foco aqui é a mulher de Provérbios 31.10-31. Algumas mulheres se sentem intimidadas ou repudiadas por esta mulher, mas nós veremos que ela não é assim. O entendimento de como ela se adequa ao ensino geral de Provérbios eliminará qualquer intimidação e inspirará o amor pela sabedoria de modos especificamente femininos. Que nos tornemos cada vez mais como ela, para o bem de nossas famílias, nossas igrejas e nossas comunidades, e para a glória de Deus.

No final do livro você encontrará um guia de estudo. Você pode usá-lo enquanto lê o livro sozinha ou para discussões em pequenos grupos. Uma das questões que acompanham cada capítulo está marcada com ---. Estas questões requerem um estudo mais aprofundado e necessitarão um pouco mais de tempo para serem respondidas.

"Se, porém, algum de vós necessita de sabedoria, peça-a a Deus, que a todos dá liberalmente e nada lhes impropera; e ser-lhe-á concedida" (Tiago 1.5).

Parte 1

O que é sabedoria e por que ela é importante?

CAPÍTULO 1

O QUE, EXATAMENTE, É SABEDORIA?

Como mulheres cristãs vivendo no século 21, muito provavelmente não enfrentaremos muitas das dificuldades que confrontavam as antigas mulheres israelitas. Pense na rainha Ester, que precisou aprender a conviver num harém de mulheres, cujo único chamado era para agradarem ao rei com sua beleza. Mesmo depois que Ester se tornara rainha, a punição por desagradar o marido era a morte. Algumas mulheres do Antigo Testamento tiveram que lidar com o cativeiro, como Hagar, e outras tiveram que dividir o marido com outra mulher, como aconteceu com Lia e Raquel.

Nossos problemas são menos ameaçadores em sua maioria; no entanto, impõem desafios tremendos para os quais necessitamos da mesma sabedoria que as mulheres da antiguidade precisaram. Contudo, queremos fazer mais do que meramente minimizar o estresse e repelir dificuldades desnecessárias; nós também desejamos agradar a Deus em todos os aspectos de nossa vida. Este é um dos modos pelo qual a sabedoria bíblica difere radicalmente da sabedoria mundana. A sabedoria do mundo centraliza-se em como as pessoas podem agradar a si mesmas e maximizar cada prazer. A sabedoria de Provérbios não desconsidera o deleitar-se na vida como dom de Deus. Aí está a sua beleza – ao colocarmos em prática a sabedoria de Provérbios, descobrimos que os caminhos de Deus funcionam num nível muito prático; a vida tende a acontecer de modo mais suave. À medida que isso ocorre, Deus é mostrado como Aquele que é totalmente sábio, e é então glorificado.

Esta é a sabedoria que precisamos. Precisamos dela para sabermos como ser donas de casa, num mundo que luta contra nós. Precisamos dela para sabermos ser solteiras, quando não desejamos ser. Precisamos dela para viver vidas piedosas, numa cultura de liberdades sem limites, independência e riqueza (as dificuldades econômicas do Ocidente não se comparam às de outras partes do mundo). Precisamos da sabedoria de Provérbios para viver biblicamente, quando estamos imersas numa cultura de entretenimento superficial e de divórcio fácil. Precisamos dela para fazermos boas escolhas sobre os estudos de nossos filhos, e sobre como navegar neste mundo virtual sempre crescente da internet.

Nós vamos mencionar tudo isso. Mas antes de vermos como aplicar a sabedoria de Provérbios às situações individuais de nossas vidas, precisamos ver exatamente o que significa sabedoria na Bíblia. De onde vem a sabedoria? Provérbios nos diz claramente:

> *O temor do SENHOR é o princípio da sabedoria,*
> *e o conhecimento do Santo é prudência.*
> *(Provérbios 9.10; veja também 1.7).*

Isto obviamente nos leva a perguntar: O que é o temor do Senhor? Os pastores nos dizem que significa "reverência", mas se isso é sempre o que temor significa, por que então não usamos apenas a palavra reverência – "reverência para com o Senhor" – em vez da palavra temor? Bem, em hebraico, esta palavra significa tanto "terror" como "reverência". Contudo, a parte do terror tende a ficar ignorada porque é difícil conciliar a ideia de medo com um Deus amoroso. Ainda assim, acredito que somos muito rápidos em descontar o aspecto do terror em "o temor do Senhor". Se olharmos cuidadosamente o versículo, veremos que, às vezes, temor significa apenas isso – temor.

Considere o caso do profeta Isaías, que, depois de ter visto a Deus, disse "Ai de mim! Estou perdido!" (Isaías 6.5). Sua visão de Deus certamente não evocava sentimentos felizes.

E a mãe de Jesus, Maria, quando o anjo Gabriel apareceu e lhe disse: "Alegra-te, muito favorecida! O Senhor é contigo". Ela ficou perturbada com esta mensagem, ao que o anjo lhe disse: "Maria, não temas; porque achaste graça diante de Deus (Lucas 1.26-30).

Há também o exemplo de Moisés. Quando ele viu a sarça ardente, Deus o chamou, do meio da sarça, e disse: "Moisés! Moisés!... tira as sandálias dos pés, porque o lugar em que estás é terra santa". E Moisés reagiu encobrindo seu rosto, pois "temeu olhar para Deus" (Êxodo 3.4-6). Portanto, vemos que o temor é, por vezes, uma mistura de reverência e medo.

O interessante é que Isaías, Maria e Moisés experimentaram temor como resposta à aproximação de Deus. Parece claro que alguns que foram trazidos para perto de Deus de modo excepcional, experimentaram temor naquele momento. Por que isso acontece, se Deus é amoroso e bondoso? Aqui está a resposta: quando pecadores chegam bem perto de Deus, vêem mais daquilo que Ele é – santo, além de amoroso. De fato, a santidade de Deus é parte de Sua benignidade, e não pode ser separada dela. Quanto mais nos aproximamos de Deus, mais O vemos como Ele realmente é, e quem nós somos neste relacionamento com Ele. Portanto, se você é um daqueles que têm experimentado este tipo de temor – aterrorizante – isso deve ser visto como algo bom, e não mau, pois é o tipo de temor que nos leva a uma verdadeira compreensão de nossa necessidade de Cristo.

Este reconhecimento do nosso pecado é o que nos faz ansiar pelo Salvador, e quando nos rendermos a Ele para satisfazer esse anseio, nós ultrapassaremos a compreensão racional e meramente doutrinária da fé cristã para, então, vivê-la em nosso coração com profunda alegria. Por tudo isso, é que o temor do Senhor é o princípio da sabedoria. Porque a verdadeira sabedoria somente é encontrada em Cristo. Sabedoria é compreender que Ele é tudo.

Depois de nos dirigirmos a Cristo por meio deste tipo de temor, podemos entender o tipo de temor e reverência que os pastores usam para descrever esse temor do Senhor. Compreendemos que Deus é bom, sábio, Pai, santo, poderoso, onisciente e compassivo, apenas quando estamos em Cristo. É esta visão de Deus que nos leva a temer – e a buscar um sábio viver, ou, dito de outra forma, santidade. Um sábio pastor nos disse para considerarmos o seguinte:

> Será que o temor do Senhor é um conceito que paralisa a alma e debilita a mente, o qual nossa esclarecida era tem abandonado? A Palavra de Deus descreve o temor como uma força poderosa que purifica e converte a alma de pensamentos e obras retrógradas e pecaminosas (Salmo 19.8,9). Sejamos honestos e perguntemo-nos: quantos maus pensamentos e transgressões teríamos erradicado se tivéssemos temor e amor por nosso Deus? O

temor correto do Senhor é um bem preventivo. Ele nos previne de entrar em pecado, nos guarda de nutrir pecados, e nos tira do pecado quando caímos nele. Positivamente, o temor do Senhor é a altura da sabedoria (Provérbios 1.7), e não uma superstição prejudicial.[1]

Com isso em mente, vejamos o que significa viver de maneira sábia. O que é viver sabiamente?

Viver sabiamente é orientar tudo em nós e em nossas vidas de acordo com Deus, e não em nós mesmos. A mulher sábia é centralizada em Deus, e não em si mesma. Ao nos orientarmos de acordo com Deus, nossos gostos e interesses mudam, e passamos a amar cada vez mais aquilo que Deus ama e a odiar o que Ele odeia:

O temor do Senhor consiste em aborrecer o mal (Provérbios 8.13).

Viver com sabedoria é, também, amar a retidão. Nós fazemos isso? Se fôssemos honestos, teríamos que admitir que, mesmo sendo crentes, uma parte de nós não odeia o pecado. Por que mais continuaríamos pecando? Detestamos os horríveis efeitos do pecado que vemos no mundo, em nossos filhos e em nossas vidas, mas odiaremos o pecado por si só, apenas se aumentarmos nosso temor do Senhor.

Características da sabedoria

Agora que estabelecemos de onde vem a verdadeira sabedoria – do temor do Senhor – podemos observar mais proveitosamente algumas características particulares da sabedoria.

1) A sabedoria é clara

A sabedoria é clara; em outras palavras, não é difícicl de encontrar ou de ser percebida

> *São justas todas as palavras da minha boca;*
> *não há nelas nenhuma coisa torta, nem perversa.*
> *Todas são retas para quem as entende e justas,*
> *para os que acham o conhecimento. (Provérbios 8.8-9)*

Talvez você esteja pensando: "Acredito que isso pode ser verdade em alguns aspectos, mas a Bíblia não provê respostas diretas para tudo. Como a sabedoria pode ser 'reta', quando se trata de áreas obscuras de nossa vida?" Às vezes, somos tentados a nos questionarmos sobre isso; contudo, uma vez que a própria Bíblia nos diz que as palavras de sabedoria são todas retas, isso deve ser verdade. O problema é o modo como usamos a Palavra de Deus, ao buscar a sabedoria. Queremos abrir a Bíblia e encontrar um versículo que corresponda diretamente ao nosso problema e nos providencie uma solução. Mas não é assim que conseguimos a sabedoria. Descobrir que a sabedoria é "reta" é algo que vem de nossa atitude, de nos imergirmos nas Escrituras – em toda ela, e não apenas em uma passagem aqui ou ali – e, ao fazermos isso, ela molda nosso entendimento sobre tudo na vida. Se criamos o hábito de nos imergirmos nas Escrituras, perceberemos, quando confrontados com uma dificuldade na vida, que a sabedoria que necessitamos tão desesperadamente virá até nós bem mais facilmente. A sabedoria é clara, mas sua clareza não vem em forma de "três passos básicos". Quanto mais absorvemos a Palavra de Deus, mais prontamente conseguiremos a sabedoria que precisamos para circunstâncias em particular.

Às vezes, ao invés de mergulharmos nas Escrituras, orarmos bastante e buscarmos conselho piedoso, ainda ficamos perplexos sobre como agir. Mas isto não significa que a sabedoria bíblica está obscurecida. Significa apenas que ainda não compreendemos a sua clareza! Em momentos assim o melhor a fazermos é esperar por ela.

Em outros momentos, nós mesmos podemos estar bloqueando nossa visão da sabedoria que precisamos. Certa vez, anos atrás, Pastor Donald Gray Barnhouse estava ocupado, trabalhando em seu estudo particular, quando ouviu batidas na porta. Era sua filha, e ele a convidou para entrar. Ela viera pedir sua permissão para fazer algo que ela queria muito. Depois de ouvi-la, Dr. Barnhouse negou seu pedido e voltou sua atenção ao estudo. E ficou surpreso quando olhou novamente, alguns minutos depois, e viu sua filha ainda de pé perto de sua escrivaninha. "O que você está fazendo?", perguntou-lhe.

"Estou esperando que o senhor me diga o que fazer", respondeu. "O que quer que esteja fazendo", ele disse, "você não está esperando que eu lhe diga o que fazer. Já lhe disse o que quero que você faça, e você não gostou. O que você realmente está fazendo é esperando para ver se eu mudo de ideia".[2]

Nós não fazemos o mesmo, às vezes? Em algum nível, sabemos o que Deus quer que façamos, qual é o caminho mais sábio; entretanto, não gostamos dele, então ficamos confusos, alegando que não sabemos o que fazer. Se nossa descoberta sobre o que agradaria ao Senhor, em dada situação, permanece indefinida, isso pode ser o problema? Vale a pena investigar. Se descobrirmos que realmente é, provavelmente ficaremos admirados de quão rapidamente encontramos a resposta que procurávamos o tempo todo.

2) A sabedoria está perto

A sabedoria não é apenas clara; ela também está perto. Em outras palavras, a sabedoria está sempre à disposição.

> *Não clama, porventura, a Sabedoria,*
> *e o Entendimento não faz ouvir a sua voz?*
> *No cimo das alturas, junto ao caminho,*
> *nas encruzilhadas das veredas ela se coloca;*
> *junto às portas, à entrada da cidade,*
> *à entrada das portas está gritando. (Provérbios 8.1-3).*

Deus não está relutante em conceder-nos a sabedoria. De fato, Ele se deleita em nos dispor a sabedoria com clareza.

> *Eis que derramarei copiosamente para vós outros o meu espírito e vos farei saber as minhas palavras. (Provérbios 1.23)*

Deus disse, através de Moisés: "Porque este mandamento que, hoje, te ordeno não é demasiado difícil, nem está longe de ti. Não está nos céus, para dizeres: Quem subirá por nós aos céus, que no-lo traga e no-lo faça ouvir, para que o cumpramos. Nem está além do mar, para dizeres: Quem passará por nós além do mar que no-lo traga e no-lo faça ouvir, para que o cumpramos? Pois esta palavra está mui perto de ti, na tua boca e no teu coração, para a cumprires" (Deuteronômio 30.11-14). Nós o acharemos "mui perto", quando fizermos o que Moisés disse no versículo 10: "se te converteres ao SENHOR, teu Deus, de todo o teu coração e de toda a tua alma". A questão, às vezes, não é que nos falta sabedoria, mas que nós não a desejamos de fato.

3) A Sabedoria é agradável

Dizer que a sabedoria é "agradável" é um tipo de eufemismo. Agradável é uma palavra que associamos com pequenos prazeres da vida, como uma xícara de chá numa tarde chuvosa

– algo que é bom, mas ainda assim desejamos que o sol volte a brilhar. Entretanto, a palavra em Provérbios não significa um pequeno prazer, mas pense nela em termos do sentimento "no topo do mundo", que você tem em meio a um desses raros dias sem problemas.

> Os seus caminhos são caminhos deliciosos,
> e todas as suas veredas, paz.
> (Provérbios 3.17; veja também 2.10)

A única maneira de acharmos que os caminhos de Deus são desagradáveis é quando somos egocêntricas, ao invés de centralizadas em Deus, egoístas em lugar de centralizadas em Cristo, quando procuramos autoexaltação em vez de exaltarmos a Cristo. Tudo depende de como vivemos.

4) A sabedoria é fundamental
Dedicarmo-nos a buscar a sabedoria é, por si só um passo de sabedoria.

> O princípio da sabedoria é: adquire a sabedoria;
> sim, com tudo o que possuis,
> adquire o entendimento. (Provérbios 4.7)

A mulher sábia é governada pelos princípios da Palavra de Deus, e não por seus próprios sentimentos, hormônios ou prazeres. Parece simples, mas é algo realmente bastante difícil, pois temos a tendência de resumir os dois em um. Em outras palavras, nós igualamos a sabedoria com qualquer coisa que nos faça sentir melhor. Marcamos o compasso de nossas vidas de acordo com as circunstâncias que nos parecem mais felizes, presumindo que isso seja o melhor a ser feito. A dificuldade se expõe ao pensarmos assim: "Vai ser melhor para nossos filhos se nos divorciarmos, já que brigamos o tempo todo por estarmos juntos". E assim: "Para ficar emocionalmente equilibrada, meu conselheiro diz que devo extravasar toda a minha ira". Ou então: "Tenho ficado tão deprimida ultimamente, que esta viagem ao Caribe é algo que eu realmente preciso fazer, mesmo que depois eu atrase o pagamento da prestação da casa". Esse tipo de sabedoria não vem de Deus. Ela vem de nossas paixões carnais. Não obstante, quanto mais nos deixamos moldar pelo temor do Senhor, menos chance teremos de confundirmos mundanismo com sabedoria.

5) A sabedoria é hospitaleira

Em provérbios 9, encontramos um convite para um banquete oferecido pela Sabedoria. Se você se parece um pouquinho comigo, aqui está algo em que somos parecidas. Muitas de nós amamos preparar uma refeição especial para aqueles que amamos. Nos deleitamos em decidir o que vamos servir e em como arrumar a mesa; e quando chega o dia da festa, nos levantamos mais cedo. Antes que tudo isso aconteça, é claro que precisamos preparar o convite. Que amigos especiais convidaremos? O convite da Sabedoria difere do nosso nesse aspecto, já que ele se refere àqueles que nem sequer são amigos.

> *Carneou os seus animais, misturou o seu vinho e arrumou a sua mesa.*
> *Já deu ordens às suas criadas e, assim, convida desde as alturas da cidade:*
> *Quem é simples, volte-se para aqui. Aos faltos de senso diz:*
> *Vinde, comei do meu pão e bebei do vinho que misturei.*
> *Deixai os insensatos e vivei; andai pelo caminho do entendimento.*
> (Provérbios 9.2-6)

A Sabedoria convida os simples para o banquete, e aqueles que aceitarem esse convite vão se alimentar deste conhecimento. Nós encontramos outros convites nas Escrituras que nos dão uma ilustração mais completa deste convite em Provérbios. Aqui está um convite, do profeta Isaías: "Ah! Todos vós, os que tendes sede, vinde às águas; e vós, os que não tendes dinheiro, vinde, comprai e comei; sim, vinde e comprai, sem dinheiro e sem preço, vinho e leite. Por que gastais o dinheiro naquilo que não é pão, e o vosso suor, naquilo que não satisfaz? Ouvi-me atentamente, comei o que é bom e vos deleitareis com finos manjares" (Isaías 55.1-2). E a ilustração mais completa de todas vem da boca do próprio Jesus: "Eu sou o pão da vida; o que vem a mim jamais terá fome; e o que crê em mim jamais terá sede" (João 6.35).

Toda a ilustração bíblica revela que aceitar o convite da Sabedoria significa ir a Cristo. Os jovens rapazes que primeiro leram Provérbios não tinham toda a ilustração que nós temos, mas eles entenderam que seguir a Sabedoria leva à vida.

Como?

Logo que vamos a Cristo, somos incluídos neste banquete, e a festividade começa. Temos o Pão da Vida. Isso é agradável, mas, o que significa, realmente, Jesus ser "O Pão da Vida"? Acreditamos que isso seja verdadeiro, mas se formos honestos, muitos de nós não compreendemos totalmente o que isso quer dizer. Estudar o livro de Provérbios é um bom meio de alcançar esta compreensão. A única maneira de realizar com êxito todos os conselhos práticos de sabedoria que dominam o livro de Provérbios, a começar no próximo capítulo (10), é através do aprendizado e de depositar todo o esforço em Cristo, o homem perfeito, que já "conquistou" a sabedoria por nós.[3] Portanto, ao nos assentarmos como participantes do banquete da Sabedoria, fazemo-lo firmando-nos em Cristo, pois foi o que Jesus quis dizer, quando afirmou: "Eu sou o pão da vida; quem vem a mim jamais terá fome".

Guarda o teu coração
O primeiro passo prático no caminho da sabedoria envolve nossos corações:

> *Sobre tudo o que se deve guardar, guarda o coração,*
> *porque dele procedem as fontes da vida. (Provérbios 4.23)*

Quase sempre este versículo é aplicado a relacionamentos românticos, o que faz com que se perca todo o sentido. Certamente é verdade que guardar nosso coração em um relacionamento romântico é sempre uma atitude sábia, mas este versículo realmente fala sobre guardar o nosso coração no temor do Senhor. Se desejamos nos tornar cada vez mais mulheres centralizadas em Deus, é essencial que fiquemos de olhos bem abertos para tudo que possa nos influenciar.

Uma forma de guardarmos o coração é ficar alertas com o engodo do pecado que vem ao nosso encontro, por meio daqueles que não temem ao Senhor:

> *Filho meu, ouve o ensino de teu pai e não deixes a instrução de tua mãe.*
> *Porque serão diadema de graça para a tua cabeça e colares, para o teu pescoço.*
> *Filho meu, se os pecadores querem seduzir-te, não o consintas.*
> *Se disserem: Vem conosco, embosquemo-nos para derramar sangue, espreitemos, ainda que sem motivo, os inocentes;*
> *traguemo-los vivos, como o abismo, e inteiros, como os que descem à cova;*

> *acharemos toda sorte de bens preciosos; encheremos de despojos a nossa casa;*
> *lança a tua sorte entre nós; teremos todos uma só bolsa.*
> *Filho meu, não te ponhas a caminho com eles; guarda das suas veredas os pés;*
> *porque os seus pés correm para o mal e se apressam a derramar sangue.*
> *Pois debalde se estende a rede à vista de qualquer ave.*
> *Estes se emboscam contra o seu próprio sangue e a sua própria vida espreitam.*
> *Tal é a sorte de todo ganancioso; e este espírito de ganância tira a vida de quem o possui. (1.8-19)*

Precisamos ficar alertas quanto a isso, mas precisamos também rejeitar isso. A mulher sábia evita o mau conselho; ela não para e pondera os prós e contras de ceder a ele. Este foi o erro que Eva cometeu. Quando a serpente veio a ela no jardim do Éden para enganá-la, Eva não rejeitou seu conselho; ela se ateve a isso e se envolveu em conversa com a serpente. E Provérbios 1.8-19 expõe o que reside nos corações daqueles que seguem por caminhos ímpios – que estão ávidos por realizar os desejos da carne.

Outra maneira de guardar o coração é discernir de quem recebemos e aceitamos conselho. Isto não significa que vamos fechar os ouvidos para nunca aceitarmos o conselho de um ímpio. Deus colocou em toda a humanidade dons e talentos, para o bem de Sua criação. Se precisamos de conselho médico, somos sábios para buscarmos o melhor conselho que possamos achar, venha de um crente ou de um ímpio. O mesmo ocorre com relação a um conselho sobre finanças ou imóveis, e sobre muitas outras coisas, desde que aquele que nos aconselha tenha uma reputação de integridade. Ao mesmo tempo, tirando a experiência, a mulher sábia nunca aceitará conselho contrário aos princípios bíblicos.

Precisamos ser diligentes em guardar o coração, pois dele "procedem as fontes da vida". As escolhas que fazemos, para o bem ou para o mal, são determinadas pelo nosso coração. Jesus disse: "Porque do coração procedem maus desígnios, homicídios, adultérios, prostituição, furtos, falsos testemunhos, blasfêmias (Mateus 15.19). Pode parecer que somos levados a escolhas pecaminosas por influências externas ou circunstâncias adversas, mas é sempre e somente nosso coração que nos faz pecar. Como escreveu o apóstolo Tiago: "cada um é tentado pela sua própria cobiça" (Tiago 1.14).

À luz destas coisas, não teríamos nenhuma chance, se não fosse pela nossa união com Cristo. Mas nesta união, por meio do Espírito Santo que habita em nós, nosso coração é transformado progressivamente, como Jesus prometeu: "a água que eu lhe der será nele uma fonte a jorrar para a vida eterna" (João 4.14). Esta fonte de água jorra em forma de escolhas piedosas. Para vivermos com sabedoria, precisamos fazer estas escolhas, e em Cristo, podemos fazê-las. Escolher o lado dos insensatos é, portanto, desnecessário, e sempre resulta em sofrimento e arrependimento:

> *Porquanto aborreceram o conhecimento*
> *e não preferiram o temor do SENHOR;*
> *não quiseram o meu conselho*
> *e desprezaram toda a minha repreensão.*
> *Portanto, comerão do fruto do seu procedimento*
> *e dos seus próprios conselhos se fartarão.* (Provérbios 1.29-31)

Cultiva a humildade

Outra forma de crescer em sabedoria é cultivando a humildade. Provérbios 2.6 diz que da boca de Deus, e não da nossa, vem a sabedoria e o entendimento. Uma atitude de humildade, que reconhece que toda a sabedoria que adquirimos vem unicamente de nossa união com Cristo. Uma vez que Cristo é, por Si mesmo, sabedoria de Deus, como nossa sabedoria pode ter outra fonte? Quando eu tinha vinte anos, pensava que sabia tudo. Quando cheguei aos trinta, percebi que há coisas que nem comecei a entender ainda. Até os quarenta eu não entendi que sabia muito pouco. Para todas nós, geralmente o que ocorre é que, quanto mais envelhecemos, mais percebemos que sabemos tão pouco, e que talvez isso indique que finalmente, pela graça de Deus, estejamos começando a crescer em sabedoria.

Talvez você saiba o que quero dizer, por experiência própria, ou talvez por ver isso acontecer no mundo ao seu redor. Apenas pense em suas viagens pela estrada. Você já notou que os mais jovens são inclinados a correrem maiores riscos ao dirigirem? Quando um carro passa por nós a 130 por hora, frequentemente o motorista, cujos dedos nervosos digitam no teclado de mão em miniatura, tem menos de 25 anos. Tal flagrante de desrespeito às leis de trânsito tem menos a ver com o desprezo deliberado de uma autoridade do que com a crença equivocada de que nada vai acontecer com eles. Entretanto, independente de nossa idade, apegar-se a uma crença de que estamos no controle das circunstâncias ao nosso redor é a antítese da humildade. Humildade é:

> *Confia no SENHOR de todo o teu coração*
> *e não te estribes no teu próprio entendimento.*
> *Reconhece-o em todos os teus caminhos,*
> *e ele endireitará as tuas veredas.*
> *Não sejas sábio aos teus próprios olhos;*
> *teme ao SENHOR e aparta-te do mal* (Provérbios 3.5-7).

Jeremias era um homem sábio, mas era também humilde, como podemos perceber em sua oração: "Eu sei, ó SENHOR, que não cabe ao homem determinar o seu caminho, nem ao que caminha o dirigir os seus passos" (Jeremias 10.23). A humildade é um pré-requisito da sabedoria, que Jesus quis mostrar, ao dizer: "Bem-aventurados os humildes de espírito, porque deles é o reino dos céus" (Mateus 5.3). Confiar em nós mesmos, em lugar de confiar no Senhor leva, inevitavelmente, ao caos e à confusão, como está escrito em Tiago: "Quem entre vós é sábio e inteligente? Mostre em mansidão de sabedoria, mediante condigno proceder, as suas obras... Pois, onde há inveja e sentimento faccioso, aí há confusão e toda espécie de coisas ruins (Tiago 3.13-16). Note a ligação que Tiago faz entre humildade (mansidão) e a sabedoria piedosa. Ele também faz uma ligação entre ambição egoísta e a sabedoria mundana, que leva ao caos demoníaco. Contínua desordem em nossos corações, mentes e vidas pode bem ser uma dica da ausência de humildade.

O salmista nos mostra a postura que acompanha tudo o que a mulher sábia planeja e faz: "Como os olhos dos servos estão fitos nas mãos dos seus senhores, e os olhos da serva, na mão de sua senhora, assim os nossos olhos estão fitos no SENHOR, nosso Deus" (Salmo 123.2).

> *Provérbios coloca da seguinte maneira:*
> *Filho meu, não se apartem estas coisas dos teus olhos;*
> *guarda a verdadeira sabedoria e o bom siso;*
> *porque serão vida para a tua alma e adorno ao teu pescoço. (Provérbios 3.21-22)*

Como discípulas de Cristo, somos servas de Deus, e como servas, mantemos nossos olhos nEle e recebemos instruções através da Sua Palavra. Reconhecer nossa posição de serva é a essência da sabedoria.

Reconhecer que Deus é soberano

Reconhecer a soberania de Deus sobre tudo caminha de mãos dadas com a humildade, pois somente quando ambos estiverem presentes em nosso coração dependeremos de Deus. Praticar o temor do Senhor – viver em sabedoria – é reconhecer que Deus está no controle de tudo, desde a eleição dos presidentes até as atividades de nossa vida pessoal. Quando somos jovens, ainda morando com nossos pais, começamos a sonhar muito com o dia em que sairemos de casa, e começamos a planejar um meio de isso tornar-se realidade. Além disso, somos incentivados desde a mais tenra idade a estabelecer objetivos, e assim fazemos. E uma vez que vivemos numa cultura onde as conquistas pessoais têm sido comparativamente fáceis, estamos propensos a nos desapontar quando nossos planos não dão certo. Inevitavelmente, uma de nossas metas ou mais, não será alcançada. Uma jovem moça entra na faculdade com muita esperança de que estará noiva quando se formar, ou será aceita num bom programa de pós graduação, ou que vai conseguir o emprego dos sonhos. Quando alguns – ou todos, como pode vir a acontecer – desses planos deixam de se concretizar, a jovem recém-formada se sente confusa e se pergunta onde foi que errou.

Muitos de nós temos vivido o bastante para saber que objetivos são melhor definidos como esperanças, uma vez que temos visto muitos de nossos mais elaborados planos falharem. Com o tempo, podemos pensar o que poderíamos elaborar, para ser o plano B. Mas a verdade é que não há plano B. Há apenas o plano A, porque:

> *O coração do homem pode fazer planos,*
> *mas a resposta certa dos lábios vem do SENHOR.*
> (Provérbios 16.1)

Se pensarmos que estamos presas ao plano B, é porque nossa ideia do plano A era apenas isso – nossa própria ideia, e não a de Deus. Deus tem bons propósitos para nós, quer os realizemos através dos objetivos que planejamos ou por meio de frustrar nossos objetivos e nos levar pelos caminhos que não planejamos. Podemos não ser capazes de discernir esses propósitos, mas Provérbios nos ensina que podemos ter certeza de que Ele os tem e de que Ele está observando a realização desses propósitos:

> *O coração do homem traça o seu caminho,*
> *mas o SENHOR lhe dirige os passos.* (Provérbios 16.9)

E

> *Como ribeiros de águas assim é o coração do rei na mão do SENHOR;*
> *este, segundo o seu querer, o inclina.* (Provérbios 21.1)

O que aconteceu ao profeta Jonas é uma boa ilustração de como Deus opera soberanamente nas vidas de seu povo. Deus instruiu Jonas a ir a Nínive com uma mensagem de julgamento porvir, mas Jonas não gostou do plano de Deus e resolveu elaborar seu próprio projeto de embarcar num navio para Társis. Muitos de nós sabemos o que aconteceu: veio uma grande tempestade, e em dado momento Jonas foi lançado para fora do barco e engolido por um grande peixe. E lá, no ventre do peixe, Jonas se arrependeu de sua obstinação. Consequentemente, o peixe o vomitou na areia, e de lá Jonas seguiu para Nínive.

O trabalho missionário de Jonas em Nínive pode ter sido o plano B, até onde Jonas sabia, mas porque era plano de Deus, este sempre foi o plano A. Deus levou Jonas onde Ele o queria, apesar das tentantivas de Jonas de escapar, e Deus faz a mesma coisa conosco. Nossa resposta não muda o resultado, da mesma forma que aconteceu com Jonas; ela meramente determina se o caminho será fácil ou difícil.

A sabedoria nos ajuda a conformar nossos planos com os caminhos de Deus, o que, por sua vez, nos impede de perder tempo; e nos poupa, e a outros também, da frustração que inevitavelmente resulta quando os planos são feitos e perseguidos com pouco ou nenhum conhecimento de Deus. Assim, quando as coisas não acontecem como esperamos, a sabedoria nos capacita a viver contentes na Sua ordem soberana dos detalhes de nossa vida.

Persiga ativamente a sabedoria

Apesar de que a sabedoria está perto de nós e não é difícil entender, devemos persegui-la ativamente. Apenas considere os verbos ativos nesta passagem:

Filho meu, se aceitares as minhas palavras
e esconderes contigo os meus mandamentos,
para fazeres atento à sabedoria o teu ouvido
e para inclinares o coração ao entendimento,
e, se clamares por inteligência,
e por entendimento alçares a voz,
se buscares a sabedoria como a prata
e como a tesouros escondidos a procurares,
então, entenderás o temor do SENHOR
e acharás o conhecimento de Deus. (Provérbios 2.1-5)

Podemos pensar que receber as palavras de Deus seja uma ação passiva, algo como sentar para ler e absorver, enquanto tomamos uma caneca de café, mas se você olhar como a passagem está estruturada, verá que se fazer atenta, inclinar o coração, clamar, alçar a voz, buscar e procurar são parte do como nós crescemos em sabedoria.

Obedecer

Nós também crescemos em sabedoria por meio da obediência. De fato, procurar viver em obediência à Palavra de Deus é uma atitude de coração necessária a todos que desejam ser sábios:

Filho meu, guarda as minhas palavras
e conserva dentro de ti os meus mandamentos.
Guarda os meus mandamentos e vive;
e a minha lei, como a menina dos teus olhos. (Provérbios 7.1-2)

Obediência e sabedoria andam de mãos dadas, porque obedecer a Deus é sempre sábio. Ao buscarmos um estilo de vida de obediência, isso nos levará a um entendimento mais profundo de por quê obedecer aos caminhos de Deus é a melhor alternativa. Isso também nos levará a um nível maior de obediência, o que enriquecerá tanto a nossa caminhada com Deus, como nosso deleite na vida diária.

Aceitar a disciplina de Deus

Crescer em sabedoria também inclui reconhecer e aceitar a disciplina do Senhor:

Filho meu, não rejeites a disciplina do SENHOR,
nem te enfades da sua repreensão. (Provérbios 3.11)

Jó, no começo de sua provação, nos mostra como viver Provérbios 3.11. Depois que Jó perdeu sua moradia e seus filhos, e ficou paralisado com chagas por todo o corpo, sua esposa lhe disse: "Ainda conservas a tua integridade? Amaldiçoa a Deus e morre" (Jó 2.9). Mas Jó a repreendeu por sua falta de sabedoria, dizendo: "Falas como qualquer doida; temos recebido o bem de Deus e não receberíamos também o mal?" (versículo 10). A submissão de Jó à obra de Deus em sua vida era uma marca real de sabedoria.

Somos inclinados a pensar que a disciplina de Deus é como a que usamos para disciplinar nossos filhos: eles se comportam mal, e nós os punimos para mostrar-lhes que aquele mau comportamento é algo destrutivo. A disciplina de Deus para conosco, no entanto, frequentemente não está ligada a algum erro específico que cometemos. Quando as coisas dão errado em nossa vida, somos tentados a procurar o que teríamos feito de errado que causasse aquela dificuldade. Certamente que, algumas vezes, um problema em particular pode ser a maneira de Deus apontar um pecado em particular que estejamos ignorando, ou do qual estejamos nos recusando a arrepender-nos, mas, se nenhuma conexão se fizer evidente, não devemos saturar a nossa mente tentando encontrar alguma coisa. Se houver uma conexão, Deus é capaz de deixá-la clara para nós. Se nenhuma ligação for evidenciada, podemos simplesmente crer em Deus em meio à dificuldade, e nos focarmos nesta verdade:

> *É para disciplina que persevareis (Deus vos trata como filhos);*
> *pois que filho há que o pai não corrige?*
> *Mas, se estais sem correção, de que todos se têm tornado participantes,*
> *logo, sois bastardos e não filhos.*
> *Além disso, tínhamos os nossos pais segundo a carne,*

que nos corrigiam, e os respeitávamos;
não havemos de estar em muito maior submissão ao Pai espiritual
e, então, viveremos?
Pois eles nos corrigiam por pouco tempo, segundo melhor lhes parecia;
Deus, porém, nos disciplina para aproveitamento,
a fim de sermos participantes da sua santidade. (Hebreus 12.7-10)

Descansar em Cristo

Cultivar a sabedoria pode ser uma tarefa impossível, se não fosse o meio primário pelo qual ela vem – permanecendo em Cristo. As mulheres mais sábias são aquelas que descobriram que a sabedoria e seus frutos vêm mais completamente para aqueles que não os buscam em si mesmos, mas em outrem. Jesus disse: "Vinde a mim, todos os que estais cansados e sobrecarregados, e eu vos aliviarei. Tomai sobre vós o meu jugo e aprendei de mim, porque sou manso e humilde de coração; e achareis descanso para a vossa alma" (Mateus 11.28-29). O jugo a que Jesus se refere era algo como um arado. Uma vez colocado sobre o pescoço do animal e atrelado a este arado, aquele animal só poderia se mover para onde o cocheiro o dirigisse. No entanto, diferentemente do fazendeiro com seu gado, Jesus não nos força a tomar seu jugo; Ele nos convida. Se aceitarmos o seu convite, aprenderemos os seus caminhos, e à medida que nos conduz a caminhos escolhidos por Ele, promete nos dar alívio.

BENEFÍCIOS DO VIVER SÁBIO

Os benefícios de um viver sábio são muito numerosos para serem incluídos em um único livro; entretanto, observemos alguns deles. A mulher que vive de maneira sábia experimentará, primeiramente, segurança. A mulher sábia é confiante de que está em base segura:

> *Então, andarás seguro no teu caminho,*
> *e não tropeçará o teu pé.*
> *Quando te deitares, não temerás;*
> *deitar-te-ás, e o teu sono será suave.*
> *(Provérbios 3.23-24)*

A mulher sábia não teme, pois confia em Deus; portanto, não precisa ficar ansiosa. Ela confia em um Deus sábio e bondoso, que está no controle de todas as coisas. À medida que a sabedoria aumenta, a ansiedade diminui. O que te faz preocupar-se? As finanças, seus filhos, seu cônjuge – ou a falta disso? A mulher sábia entende que Deus é digno de confiança e que Ele pode e fará tudo para o nosso bem e para Sua glória.

Outro resultado de um viver sábio é orientação. Algum tempo atrás ouvi alguém dizer que a sabedoria não é algo que Deus nos dá, mas é algo que Deus faz por nós; esta verdade é reforçada pela seguinte passagem:

> *Confia no SENHOR de todo o teu coração*
> *e não te estribes no teu próprio entendimento.*
> *Reconhece-o em todos os teus caminhos,*
> *e ele endireitará as tuas veredas. (Provérbios 3.5-6)*

Isto não significa que a direção de Deus é condicional à sua confiança; Ele está sempre orientando ativamente as vidas dos seres humanos. Ainda assim, somente quando confiamos de fato em Deus e nos submetemos aos seus caminhos, é que experimentamos sua orientação num caminho reto, e não cheio de desvios frustrantes provocados por nós mesmas, como aconteceu com Jonas.

Outro benefício da sabedoria é o tranquilo fruir de um senso comum santificado. Não há questão na vida que as Escrituras não abordem, de alguma forma. Há situações obscuras que surgem em nossas vidas e as quais a Bíblia não cita de forma direta. Mas a Palavra de Deus as aborda de alguma forma, mesmo que indiretamente, e a sabedoria é que nos permite usar a Palavra para fazer uma aplicação direta sobre as áreas obscuras de nossas vidas. A sabedoria nos capacita a melhor discernirmos, não apenas aquilo que a Palavra diz explicitamente, mas também o que a Palavra diz de modo implícito, e nós somos gradativamente equipados para aplicar tais verdades a todas as áreas da vida. O senso comum santificado é um resultado da sabedoria.

Ainda há outro resultado do viver sábio: o viver razoavelmente bom.

> *Filho meu, não te esqueças dos meus ensinos,*
> *e o teu coração guarde os meus mandamentos;*
> *porque eles aumentarão os teus dias*
> *e te acrescentarão anos de vida e paz. (Provérbios 3.1-2)*

O livro de Provérbios nos revela como Deus designou que o mundo funcionasse; portanto, geralmente aqueles que vivem de acordo com os desígnios de Deus prosperam, por causa disso. Em outras palavras, os Provérbios não são uma garantia de uma boa vida. Todos nós experimentamos tempos em que as coisas não vão bem, independentemente de nossos esforços para seguir os caminhos de Deus, e isto acontece porque Deus tem muito a nos ensinar por meio do sofrimento, da mesma forma que Ele também nos ensina abençoando-nos com os benefícios práticos da sabedoria. É por isso que o melhor é olhar Provérbios como observações ou princípios, em lugar de vê-los como promessas.

Devemos manter unidas ambas as coisas – os benefícios práticos do viver sábio e os benefícios espirituais do sofrimento – e confiar que o Senhor sabe o que está fazendo em cada situação.

Dito isto, somos inclinados a suspeitar de toda essa ideia de deleitarmo-nos num viver próspero. Isso parece tão mundano! Mas Deus se deleita em abençoar seus filhos, tal como todo pai. Quando Deus nos abençoa com um tempo de prosperidade, podemos magoar o coração de Deus, se deixarmos de nos regozijar nisso. Depois de passar muitos anos economizando dinheiro para comprar uma casa, uma amiga minha foi abençoada com a oportunidade de ter sua linda casa. Mas não podia se deleitar completamente nisso, e disse: "Fico esperando a gota d'água. Se Deus me concedeu isso, o que será que ele está se preparando para tirar?" Tal pensamento rouba tanto de Deus como de nós, o prazer de desfrutar de Suas dádivas. Se Ele nos abençoa com algum bem material, temos liberdade de usufruir. Como Salomão escreveu: "nada há melhor para o homem do que comer, beber e fazer que a sua alma goze o bem do seu trabalho. No entanto, vi também que isto vem da mão de Deus" (Eclesiastes 2.24).

Outro benefício da sabedoria é a felicidade:

Feliz o homem que acha sabedoria,
e o homem que adquire conhecimento;
porque melhor é o lucro que ela dá do que o da prata,
e melhor a sua renda do que o ouro mais fino.
Mais preciosa é do que pérolas,
e tudo o que podes desejar não é comparável a ela. (Provérbios 3.13-15)

Você pode pensar numa definição melhor para a felicidade? Se somos crentes infelizes, o problema não está nas circunstâncias; está em nossa interpretação das circunstâncias, uma interpretação que não possui sabedoria. Mesmo as ocasiões infelizes podem ser vividas com alegria e paz, quando lembramos quem as ordenou e que Ele as permitiu por uma boa razão. A mulher sábia reconhece que a felicidade profunda e duradoura nunca será encontrada nas circunstâncias, mas apenas na Sabedoria, que é o próprio Cristo.

Outro fruto da sabedoria é o autoconhecimento. João Calvino disse que antes de conhecermos a nós mesmos, precisamos conhecer a Deus. Somente Deus realmente conhece e entende nossos corações, é claro; mas, quanto mais conhecemos a Deus, mais conheceremos a nós mesmas. O autoconhecimento – e uma parte dele é a consciência de nossa fraqueza pessoal – é vital para resistirmos às tentações, uma vez que as tentações nos atingem em áreas em que somos fracas. A mulher que conhece a Deus está mais capacitada a reconhecer quando está prestes a cair em pecado, e está, portanto, mais preparada para lidar com ele de modo inteligente. O autoconhecimento é um fruto da sabedoria.

Pois debalde se estende a rede à vista de qualquer ave.
(provérbios 1.17)

Nossa sabedoria

Tudo isso nos deixa um problema: Não podemos ser sábias! Quem dentre nós poderia jamais esperar encontrar sabedoria, tal como vemos em Provérbios? A sabedoria é, de fato, algo impossível para nós; ainda assim, depois de termos vislumbrado seus benefícios, desejamos nos tornar mulheres sábias. O que temos de fazer? O reconhecimento de nosso impossível dilema traz à vida, as palavras de Paulo:

"Deus escolheu as coisas humildes do mundo, e as desprezadas, e aquelas que não são, para reduzir a nada as que são; a fim de que ninguém se vanglorie na presença de Deus. Mas vós sois dele, em Cristo Jesus, o qual se nos tornou, da parte de Deus, sabedoria" (1 Coríntios 1.28-30). *Cristo é nossa sabedoria, tanto em suas características como benefícios. Não possuímos sabedoria de nós mesmas, mas se estamos nEle, temos Sua sabedoria, o que significa que podemos levá-la à plenitude. Em Cristo "todos os tesouros da sabedoria e do conhecimento estão ocultos"* (Colossenses 2.3). *Se estamos em Cristo, estes tesouros também são nossos.*

CAPÍTULO 2

POR QUE A INSENSATEZ É TÃO RUIM?

Um jovem casal caminha de mãos dadas até uma joalheria. A expressão no rosto da moça demonstra grande felicidade. O jovem rapaz parece feliz também, mas ele esboça certa ansiedade e apreensão. Sua garota acabara de dizer sim à sua proposta de casamento, e eles foram à joalheria comprar o anel de noivado. O joalheiro, que já viu muitos casais entrarem por aquela porta, sabe, só de olhar, porque eles ali vieram. Ao cumprimentar o casal, ele destranca uma vitrine onde se encontram fileiras de anéis com pedras preciosas – oval, esmeralda, marquesa e princesa – e coloca sobre o balcão um mostruário de veludo preto. Ele sabe que o brilho dos anéis é mais evidenciado no contraste de fundo preto do veludo.

O livro de Provérbios faz algo similar. Seus autores sabiam que a sabedoria é vista à luz de total resplendor, quando exposta em contraste com a obscuridade da insensatez. Uma mulher insensata é o oposto da mulher sábia. Uma mulher insensata não é, necessariamente, aquela que não tem capacidade intelectual; de fato, do ponto de vista intelectual, ela pode ser uma das mais brilhantes mulheres em seu meio. Então, o que a faz insensata?

> *O coração sábio procura o conhecimento,*
> *mas a boca dos insensatos se apascenta de estultícia. (Provérbios 15.14)*

Diferentemente da mulher sábia, a insensata não teme ao Senhor. Ela não se submete a Deus, mas procura viver livre de toda regra de autoridade que possa frustrar seus desejos. Ela é arrogante, ao invés de humilde, como veremos neste capítulo e, mais tarde, ao longo do livro.

Características da mulher insensata

As características negativas da mulher insensata estão nos 31 capítulos de Provérbios, e como vamos notar, estas características ruins podem nos enredar espiritual, emocional, material e até fisicamente.

Ela é facilmente enredada pelo mundo

Provérbios nos mostra que a mulher insensata é facilmente enredada pelo mundo. Nós a vemos na mulher que compra a mentira de que parecer jovem e bonita é o caminho para a realização. Todos que acreditam nisso caem na armadilha da insensatez. Esta mulher investe o melhor de seus recursos – tempo e dinheiro – em sua aparência. Sua crença nas brilhantes, porém falsas, promessas de beleza física irão impedi-la de desfrutar da liberdade de envelhecer graciosamente.

> *Todo prudente procede com conhecimento, mas o insensato espraia a sua loucura. (Provérbios 13.16)*

Uma mulher facilmente enredada pelo mundo é também materialista e ambiciona sucesso mundano. Ela fica intrigada com filosofias mundanas e permite que elas moldem seu entendimento de todas as coisas. Para uma mulher assim, autoestima parece-lhe mais valiosa do que seguir a Cristo num estilo de vida de abnegação.

A mulher insensata acredita na mentira de que as bênçãos materiais podem ser obtidas sem Deus.

Quem confia nas suas riquezas cairá,
mas os justos reverdecerão como a folhagem. (Provérbios 11.28)

Esta mulher depreza o conselho de Provérbios 1:

Filho meu, se os pecadores querem seduzir-te, não o consintas.
Se disserem: Vem conosco, embosquemo-nos para derramar sangue,
espreitemos, ainda que sem motivo, os inocentes;
traguemo-los vivos, como o abismo,
e inteiros, como os que descem à cova;
acharemos toda sorte de bens preciosos;
encheremos de despojos a nossa casa;
lança a tua sorte entre nós; teremos todos uma só bolsa.
Filho meu, não te ponhas a caminho com eles;
guarda das suas veredas os pés. (Provérbios 1.10-15)

A tentação de adquirir mais e mais, raramente nos vem de maneira óbvia. Com muita frequência, ela se esconde nas sombras, e transforma o jantar da noite passada com uma amiga em uma legítima despesa de negócios, ou nos convence de que não é errado exceder o limite do cartão com a dívida de um novo sofá.

Ela é orgulhosa e aborrece o conhecimento

Uma mulher insensata abomina o conhecimento. Ela evita, ignora, desdenha, despreza, e racionaliza a sabedoria bíblica e o conselho. Ela vive pelo que dita suas emoções, e insiste em realizar seus desejos pessoais, e crê que seu modo de pensar é sempre o correto. A esta mulher, Provérbios pergunta:

> *Até quando, ó néscios, amareis a necedade?*
> *E vós, escarnecedores, desejareis o escárnio?*
> *E vós, loucos, aborrecereis o conhecimento? (Provérbios 1.22)*

A mulher insensata é orgulhosa e escarnecedora. Provérbios mostra que escárnio é uma recusa em abraçar os caminhos de Deus – manter aquele pecado secreto, aquele relacionamento, aquele mau hábito, aquela indulgência questionável.

Apesar dos avisos que Deus nos envia por meio de Sua Palavra e de Seu povo, os escarnecedores nunca realmente encontram o que procuram, e a sabedoria rirá diante dela:

> *Antes, rejeitastes todo o meu conselho e não quisestes a minha repreensão; também eu me rirei na vossa desventura, e, em vindo o vosso terror, eu zombarei. (Provérbios 1.25-26)*

Resumindo: o escarnecedor, alguém caracterizado e dominado pelo orgulho, inevitavelmente provará grande remorso. Nós podemos não ser extremamente escarnecedores, mas todos nós, sem exceção, somos manchados pela tolice do orgulho. Sempre que culparmos a Deus por alguma coisa, podemos ter certeza de que somos orgulhosos. Sempre que achamos que não temos problema algum com o orgulho, nós temos sim, problema com o orgulho. Toda vez que o conhecimento de Deus e de seus caminhos é escarnecido, o orgulho está acima de tudo.

Ela é complacente

A mulher insensata é complacente. Neste contexto, significa que ela é conformada com uma vida cristã medíocre. Ela falha em compreender a verdade de que não há meio termo, nem possibilidade de ficar em cima do muro, quando se trata de discipulado; o tempo todo estamos avançando ou regredindo. É por isso que estar no limbo é realmente apenas uma ilusão.

Certamente há momentos, tais como quando nos deparamos com uma decisão difícil ou um problema complexo, em que esperar por algum tempo é mais benéfico do que concentrar todas as forças numa solução imediata. Este tipo de limbo é sábio, porque nos dá tempo para buscar orientação de Deus nas Escrituras e para pedir conselho a outros. O limbo da complacência, por outro lado, não é caracterizado por esta busca. Pelo contrário, é caracterizado pelo desejo de não fazer nada além de escapar de uma situação desconfortável ou deixar de tomar uma decisão. O limbo da complacência é confortável no começo, e frequentemente parece ser o melhor lugar para estar. Parece não haver riscos, uma vez que jogar-se de cabeça numa determinada decisão ou em outra, parece algo muito assustador, afinal, não temos garantia alguma de como as coisas vão terminar. Mas a anulação é realmente insegura. Provérbios é muito claro, quando menciona o perigo da complacência:

> Os néscios são mortos por seu desvio,
> e aos loucos a sua impressão de bem-estar os leva à perdição.
> (Provérbios 1.32)

Ela é preguiçosa

A mulher insensata também é preguiçosa. Provébios nos aconselha a refletir sobre as formigas:

> *Vai ter com a formiga, ó preguiçoso, considera os seus caminhos e sê sábio.*
> *Não tendo ela chefe, nem oficial, nem comandante,*
> *no estio, prepara o seu pão, na sega, ajunta o seu mantimento.*
> *(provérbios 6.6-8)*

Ao olharmos as formigas, reconhecemos a sabedoria de trabalhar com afinco em nosso chamado particular, seja ele o trabalho doméstico, o ministério em tempo integral ou uma carreira. Mas o princípio da industrialização se aplica igualmente, tanto a assuntos espirituais quanto a qualquer outra área de nossas vidas. Provérbios dá um brado, para que exercitemos a nós mesmos na sabedoria e no bom julgamento em todas as áreas e relacionamentos. Uma mulher preguiçosa não tem zelo, e sua insensatez é revelada em sua recusa em lutar contra um pecado interno e viver para a glória de Deus. Por trás de sua luta com a preguiça está, frequentemente, a recusa em deixar confortos pessoais.

Ela é pecaminosamente independente

A mulher insensata é pecaminosamente independente. Em outras palavras, ela busca autonomia de Deus e dos outros. A esta mulher, Provérbios diz:

> *O solitário busca o seu próprio interesse e insurge-se contra a verdadeira sabedoria. (provérbios 18.1)*

A independência insensata despreza o conselho. Quando batemos o pé contra o conselho bíblico, isso acontece tipicamente porque estamos preocupadas apenas com o que queremos e com a nossa própria percepção. Tenho visto esse mesmo cenário com Abby. Durante meses os amigos de Abby têm expressado preocupação com o seu namoro com Pete. Ao longo do tempo, o relacionamento tirou Abby de sua busca pelas coisas espirituais, e ela perdeu o brilho do olhar. Pete não a trata com carinho e respeito. Os amigos de Abby têm visto tudo isso e lhe dado conselhos, mas ela reage mudando de assunto ou dizendo-lhes que tudo vai bem. No fundo, ela sabe que eles têm razão, mas Abby tem sido enredada por sua insensatez. Se ela persitir, seu coração ficará endurecido, e provavelmente ela desperdiçará semanas, meses ou anos em um relacionamento romântico destrutivo, simplesmente porque a imediata e, geralmente, curta dor de um rompimento é difícil demais para ela imaginar.

COMO RECONHECER UM INSENSATO

Ao considerarmos como Provérbios define o caráter insensato, pode ser que já tenhamos em mente um amigo ou amiga que poderia muito bem se beneficiar em considerar seriamente esta parte das Escrituras. Muito provavelmente, listamos vários amigos ou conhecidos. Contudo, se desejamos ser sábias, não devemos nos dedicar a listar outros como tolos. Olhemos para nós mesmas. Não podemos conhecer o coração dos outros, e somos totalmente dependentes de Deus para discernirmos corretamente qualquer coisa a respeito de nós mesmas. A conversa de Jesus com os discípulos na última Ceia deixa isso muito claro. Quando estavam à mesa e comiam, disse Jesus: "Em verdade vos digo que um dentre vós, o que come comigo, me trairá. E eles começaram a entristecer-se e a dizer-lhe, um após outro: Porventura, sou eu?" (Marcos 14.18-19). É interessante que nenhum deles questionou: "Será que é Judas?"[1]

> *Não obstante, em dependência do Espírito Santo e da Palavra de Deus, desviar-se da insensatez e ir de encontro à sabedoria começa com o autoexame. Somos mulheres insensatas ou sábias? Examinemo-nos à luz desta lista em Provérbios, das coisas que Deus abomina:*
> *Seis coisas o SENHOR aborrece, e a sétima a sua alma abomina: olhos altivos, língua mentirosa, mãos que derramam sangue inocente, coração que trama projetos iníquos, pés que se apressam a correr para o mal, testemunha falsa que profere mentiras e o que semeia contendas entre irmãos.*
> *(Provérbios 6.16-19)*

Podemos pensar que não somos tolos até percebermos que "olhos altivos" significa entrar na casa de alguém e sentir prazer por ter um gosto melhor para decoração ou porque nossa roupa está mais apropriada para a ocasião. Podemos pensar que não derramamos sangue inocente, até lembrarmos que Jesus disse que a ira é um tipo de homicídio. Podemos pensar que não incentivamos intrigas até que percebemos que o fazemos quando participamos de alguma fofoca. Cada uma de nós é, de certa forma, uma mulher insensata.

Provérbios não adoçica o resultado da insensatez. O fim do insensato é de fato, terrível, e reconhecer que somos contados entre os insensatos pode ser bastante desanimador. Como vimos anteriormente, a mulher insensata ouvirá a sabedoria rir (Provérbios 1.26). Talvez você tenha ouvido esta risada. Ela ecoa nos "Se..." e nos "Por quê":

"Se ao menos eu não tivesse feito isso!"
"Por quê eu fui lá?"
"Se eu não tivesse comido aquilo..."
"Por quê eu dei ouvidos a ele?!"

"Se eu não tivesse comprado aquilo..."
Tolos, de acordo com Provérbios:

*Portanto, comerão do fruto do seu procedimento
e dos seus próprios conselhos se fartarão. (Provérbios 1.31)*

CRISTO, NOSSA SABEDORIA

Onde tudo isso nos leva? A sabedoria clama por nossa atenção, mas também o faz a insensatez, e porque somos inerentemente pecaminosos, a insensatez não precisa gritar tão alto. O que devemos fazer? Novamente, o remédio é encontrado nem tanto em exercitarmo-nos em princípios de sabedoria, mas em primeiramente descansar na fonte da sabedoria: "mas para os que foram chamados, tanto judeus como gregos, pregamos a Cristo, poder de Deus e sabedoria de Deus" (1 Coríntios 1.24). Cristo é o remédio para a mulher insensata. É assim que devemos aplicar este provérbio:

*Deixai os insensatos e vivei; andai pelo caminho do entendimento.
(Provérbios 9.6)*

Ele continua repetindo que vencer a insensatez e crescer em sabedoria não é selecionar conselhos do livro de Provérbios, como se fosse uma versão bíblica de "Como Ganhar os Amigos e Influenciar as Pessoas". Sem Cristo, as bênçãos seculares que fluem do viver íntegro são meramente uma sombra da verdadeira vida. Do ponto de vista da Bíblia, o sábio viver e seus frutos são impossíveis de serem alcançados sem Cristo, porque o temor do Senhor – a definição de sabedoria de Provérbios – é conhecido apenas por aqueles que estão em Cristo. Se nós comermos deste pão e bebermos da água viva que ele oferece, conheceremos cada vez mais a sabedoria que vai banir a insensatez que nos retém hoje.

Parte 2
Seis coisas que a mulher sábia compreende

O mundo...

Mentir é muito estressante. É algo que realmente pode fazer você se sentir sem valor algum – uma muleta que você se habitua a usar sem a mínima necessidade. Entretanto, uma mentira sempre gera outra e, por isso, você começa a pensar que realmente precisa de toda aquela farsa, então acaba com pouca confiança em si mesma. Precisamos tirar você deste costume.

Há uma regra de ouro que você precisa abraçar, se deseja parar de mentir: Não há nada nem ninguém melhor do que você.

– Seventeen Magazine

A Palavra

Os lábios mentirosos são abomináveis ao SENHOR, mas os que agem fielmente são o seu prazer. (Provérbios 12.22)

CAPÍTULO 3

A MULHER SÁBIA CONHECE O PODER DAS PALAVRAS

Nossas palavras têm um tremendo poder, e talvez seja por isso que Provérbios reúna tantas declarações sobre como usamos nossa língua.

A morte e a vida estão no poder da língua; o que bem a utiliza come do seu fruto. (Provérbios 18.21)

E

A boca do insensato é a sua própria destruição, e os seus lábios, um laço para a sua alma. (Provérbios 18.7)

Encontramos a mesma perspectiva no Novo Testamento. O apóstolo Tiago escreveu: "Ora, a língua é fogo; é mundo de iniquidade; a língua está situada entre os membros de nosso corpo, e contamina o corpo inteiro, e não só põe em chamas toda a carreira da existência humana, como também é posta ela mesma em chamas pelo inferno. Pois toda espécie de feras, de aves, de répteis e de seres marinhos se doma e tem sido domada pelo gênero humano; a língua, porém, nenhum dos homens é capaz de domar; é mal incontido, carregado de veneno mortífero. Com ela, bendizemos ao Senhor e Pai; também, com ela, amaldiçoamos os homens, feitos à semelhança de Deus" (Tiago 3.6-9). Está claro que nós podemos afetar muito o nosso bem estar e o dos outros com o modo como usamos nossa língua.

Por conseguinte, o poder de nossas palavras não vem de nossa língua em si, mas do coração que a controla. Jesus deixou claro que nossas palavras são um reflexo de nossos corações, e que, por isso elas são julgadas tão severamente: "O homem bom tira do tesouro bom coisas boas; mas o homem mau do mau tesouro tira coisas más. Digo-vos que de toda palavra frívola que proferirem os homens, dela darão conta no Dia do Juízo; porque, pelas tuas palavras, serás justificado e, pelas tuas palavras, serás condenado" (Mateus 12.35-37).

Palavras de auxílio

Como vimos, os Provérbios foram originalmente registrados, a fim de instruir jovens rapazes nos caminhos do Senhor, mas as verdades que encontramos neles não são apenas aplicáveis a rapazes. Elas são adequadas para todos – homens ou mulheres, jovens e idosos – pois são verdades de Deus. Contudo, há uma distinção no modo como aplicá-las.

Deus designou a mulher para completar o homem. Completar significa preencher, tornar pleno, ou aperfeiçoar. Isto é o que Deus tinha em mente, quando disse: "Não é bom que o homem esteja só; far-lhe-ei uma auxiliadora que lhe seja idônea" (Gênesis 2.18). Esta é realmente uma avenida de mão dupla; o homem e a mulher foram feitos para completarem um ao outro. O homem e a mulher possuem traços de gênero inerentes que, quando colocadas em conjunto, servem à raça humana e revelam a glória de Deus.

A palavra auxiliadora tem uma má reputação. No contexto do matrimônio, ela pode evocar a imagem mental de uma esposa exaurida, arrastando-se em meio aos afazeres domésticos e tentando ajudar seu marido a realizar os objetivos pessoais dele, enquanto ele tem um dia cheio no trabalho. Mas isso não é o que Deus tem em mente. O chamado da esposa é para ajudar seu marido a alcançar as metas de Deus. Os dois trabalhando juntos, cada um com seus próprios pontos fortes, crescem e edificam a família de Deus, propagando o nome do Senhor pelo mundo.

De fato, há muito potencial em ser uma auxiliadoa, pois uma das principais maneiras de exercermos este papel é a influência, e influenciamos através de nossas palavras. Um dos principais meios de realizar nosso papel de auxiliadora é a nossa linguagem. Uma auxiliadora idônea usa suas palavras para edificar, encorajar e disseminar a Palavra de Deus.

Uma mulher que usou sua língua para beneficiar a outros foi Ester. De fato, ela arriscou sua vida fazendo isso, logo depois do que disse seu primo: "Então, lhes disse Mordecai que respondessem a Ester: Não imagines que, por estares na casa do rei, só tu escaparás entre todos os judeus. Porque, se de todo te calares agora, de outra parte se levantará para os judeus socorro e livramento, mas tu e a casa de teu pai perecereis; e quem sabe se para conjuntura como esta é que foste elevada a rainha?" (Ester 4.13-14). Os judeus daqueles dias se colocaram contra uma conspiração secreta, mas porque Ester empregou sua língua com grande sabedoria, os judeus foram salvos.

Entretanto, podemos usar nossas palavras para corromper nosso chamado como auxiliadora, como aquela que influencia para o bem. Considere Dalila, em Juízes 16. Dalila era uma filisteia contratada por seus compatriotas para enganar Sansão, o juiz israelita. Pelo que podemos saber sobre Sansão na Bíblia, é evidente que ele era suscetível à influência de mulheres mundanas como Dalila. Ela empregou todos os seus encantos femininos – inclusive seu discurso – para convencer Sansão a revelar o segredo de sua grandiosa força, a fim de que os filisteus pudessem dominá-lo. Em três ocasiões em particular Dalila disse: "Declara-me, peço-te, em que consiste a tua grande força e com que poderias ser amarrado para te poderem subjugar" (verso 6). Sansão estava apaixonado por aquela mulher, por isso acreditou que ela estava apenas fazendo algum tipo de jogo de amor, e brincou com ela, dando respostas erradas muitas vezes. Finalmente, quando as palavras manipuladoras de Dalila falharam em conseguir revelar o segredo de Sansão, ela conseguiu tirar a verdade dele, perturbando-o com seu discurso até que ele cedeu, por absoluta frustração.

A atitude de Dalila resume como uma mulher pode usar sua língua para a destruição. Deus não nos deu o dom da linguagem para satisfazermos nossos desejos. Ele nos deu para edificação, encorajamento e para demonstrarmos a sabedoria. Quando a mulher usa sua língua para influenciar positivamente, Deus é glorificado e as pessoas que fazem parte de sua vida são abençoadas. Nós vamos usar nossas palavras para manipular por ambição egocêntrica? Ou as usaremos para o bem dos outros? Nós enfrentaremos esta decisão todos os dias em toda conversa que tivermos.

Palavras insensatas

Se nós isolarmos todos os provérbios que falam sobre nossas palavras, veremos que determinados pecados da língua são mencionados repetidamente; portanto, estes devemos observar mais atentamente.

Mentiras

Em Provérbios, nós aprendemos muito sobre as características de um mentiroso. Uma coisa que aprendemos é que a mentira é vã, pois ela sempre será descoberta e punida:

> *A falsa testemunha não fica impune, e o que profere mentiras não escapa.*
> *(Provérbios 19.5)*

Às vezes, nós mentimos porque nos sentimos pressionadas. É quase uma resposta automática, para evitar vergonha ou constrangimento. Já em outras ocasiões, nossas mentiras são mais deliberadas. De qualquer maneira, Provérbios mostra que os mentirosos serão responsabilizados por suas palavras.

Também descobrimos que há uma ligação entre a mentira e o ódio:

> *O que retém o ódio é de lábios falsos, e o que difama é insensato.*
> *(Provérbios 10.18)*

> *A língua falsa aborrece a quem feriu, e a boca lisonjeira é causa de ruína.*
> *(Provérbios 26.28)*

Como podemos ver, ódio e mentira caminham juntos.

Mentir expressa desprezo por aquele a quem se mente. É um distanciamento de relação. Lembre-se de alguma ocasião em que alguém mentiu para você, e pense em como isso lhe feriu quando você descobriu. Provavelmente não foi apenas por causa daquilo que o mentiroso tentou esconder, mas também pelo fato de que aquele que mentiu criou uma barreira em seu relacionamento com você. O ato de mentir é uma manobra tática para criar distância no relacionamento, independentemente de o mentiroso ter ou não consciência disso.

Outra coisa que aprendemos de Provérbios sobre a mentira é o quanto Deus a odeia:

Seis coisas o SENHOR aborrece e a sétima a sua alma abomina:
olhos altivos, língua mentirosa, mãos que derramam sangue inocente.
(Provérbios 6.16-17)

Os lábios mentirosos são abomináveis ao SENHOR,
mas os que agem fielmente são o seu prazer. (Porvérbios 12.22; 6.17)

Abominação é uma palavra bem forte. Na Bíblia ela está relacionada a comportamentos pelos quais Deus tem particular desgosto e repugnância. Por esta razão, a mulher sábia também odeia a mentira:

O justo aborrece a palavra de mentira,
mas o perverso faz vergonha e se desonra. (Provérbios 13.5)

Aborrecer alguma coisa significa rejeitá-la, repudiá-la totalmente, e esconder-se dela quando nos confronta. A mulher sábia leva o discurso honesto a sério, e não acredita em meia verdade, mentira branca ou votos feitos em momentos de ira, como legítimas exceções. Se nós nos pegamos mentindo, devemos parar e dizer a verdade. Aqueles que são cuidadosos em falar somente a verdade são confiáveis e suas palavras têm importância, ao passo que aqueles que se descuidam da verdade não são levados a sério.

Ellie teve essa experiência com sua filha Kate, que por muitas semanas estava passando dos limites em sua hora de ir para cama. Ellie avisou a Kate que se ela passasse da hora novamente, seria disciplinada. E aconteceu novamente, na mesma semana, mas Ellie não cumpriu sua palavra sobre a punição. Consequentemente, Kate perdeu o respeito por sua mãe, e dá ainda menos importância a regras estabelecidas por Ellie.

Se queremos ser levadas a sério, e se realmente desejamos amar aos que convivem conosco, não devemos menosprezar a verdade. Se uma amiga nos perguntar se achamos que ela deve perder peso, falaremos a verdade, em lugar de dizermos apenas aquilo que fará com que ela se sinta bem naquele momento. Se uma colega de trabalho nos diz que está pensando em pedir um atestado e tirar o dia de folga para se divertir na praia, não acobertamos a sua desonestidade com nossa própria inverdade, dizendo: "Claro que não tem problema, você precisa de uma folga". Ser escrupulosa com a verdade às vezes é difícil, mas a recompensa vale a pena.

E quando se trata de Papai Noel e de manter festa surpresa em segredo? É possível desfrutar dessas ocasiões sem mentir. Penso, por exemplo, no marido de uma amiga minha que recentemente deu uma festa surpresa para a esposa. Ele trabalhou às escondidas para reunir os amigos para a ocasião e conseguiu manter o planejamento da festa tão completamente em segredo que nem uma vez se sentiu pressionado a ter que mentir.

Quando chega o Natal, alguns pais crentes incluem o Papai Noel em sua tradição familiar, e outros não. Entre aqueles que o incluem, conheço muitos que o fazem sem realmente levar os filhos a acreditarem que os presentes sob a árvore de natal foram deixados por um velhinho alegre que entrou pela chaminé. Independente de como o Papai Noel é tratado em sua casa, este assunto proporciona uma oportunidade de ensinar às crianças a usarem palavras sábias quando elas são expostas a meios onde as tradições natalinas diferem das suas.

Festa surpresa, Papai Noel e sensibilidade com os sentimentos dos outros são apenas algumas das áreas nas quais trazer alegria a outrem sem comprometer a verdade pode ser algo feito com criatividade. Se Deus for a origem da alegria e da verdade, Ele certamente nos ajudará a unir ambos nestas situações, se Lhe pedirmos.

A mulher sábia leva a sério tudo o que provérbios tem a dizer sobre a inevitável destruição da mentira, a realidade que é exposta diante de nós o tempo todo. O fim da carreira política de John Edwards é um exemplo recente. Quando a mídia expôs o seu relacionamento extraconjugal com uma funcionária, ele a princípio negou as afirmações, mas, à medida que sua infidelidade se evidenciava mais e mais, ele não teve escolha a não ser admitir a verdade de que ele não apenas havia sido infiel à sua esposa, mas que tinha um filho com sua amante. Suas mentiras prejudicaram muitas pessoas – dedicados apoiadores políticos, seu filho fora do casamento, seus filhos legítimos e sua esposa, que havia sido diagnosticada com câncer na época do escândalo. Sua esposa, Elizabeth, permaneceu ao lado do marido até que toda a farsa de seu marido tornou-se exposta. Elizabeth Edwards faleceu há pouco tempo, e apesar de John estar na casa da família no momento de sua morte, a mídia informou que ela havia tirado John de sua propriedade apenas alguns dias antes. Certamente, aqueles a quem ele prejudicou ficarão marcados, mas, com o tempo, espera-se que o que ele fez e tentou encobrir não venha a ser prejudicial para as suas vidas. Não apenas com a vida do próprio John. Aos olhos do público, pelo menos, ele será lembrado não como um grande político, mas como mentiroso.

Falso testemunho
Outro discurso insensato encontrado em Provérbios é o falso testemunho, do qual a mentira é um subconjunto.

> *A testemunha verdadeira não mente,*
> *mas a falsa se desboca em mentiras. (Provérbios 14.5)*

Também o encontramos no nono mandamento: "Não dirás falso testemunho contra teu próximo" (Êxodo 20.16). Quando nos deparamos com este mandamento, uma cena de uma sala de tribunal nos vem à mente. Visualizamos o oficial do júri com a Bíblia diante da testemunha e dizendo: "Jura falar a verdade, somente a verdade e nada mais que a verdade – com o auxílio de Deus?" Mas não levantar falso testemunho inclui mais do que apenas ser verdadeiro no tribunal. O que exatamente é o falso testemunho? O termo é mais amplo do que simplesmente mentir, como nos aponta o Catecismo Maior de Westminster:

> Os deveres exigidos no nono mandamento são: conservar e promover a verdade entre os homens e a boa reputação de nosso próximo, assim como a nossa; evidenciar e manter a verdade, e de coração, sincera, livre, clara e plenamente falar a verdade, somente a verdade, em questões de julgamento e justiça e em todas as demais coisas, quaisquer que

sejam; considerar caridosamente os nossos semelhantes; amar, desejar e ter regozijo pela sua boa reputação; entristecer-nos pelas suas fraquezas e encobri-las, e mostrar franco reconhecimento dos seus dons e graças; defender sua inocência; receber prontamente boas informações a seu respeito e rejeitar as que são maldizentes, lisonjeadoras e caluniadoras; prezar e cuidar de nossa boa reputação e defendê-la quando for necessário; cumprir as promessas lícitas; empenhar e praticar tudo o que é verdadeiro, honesto, amável e de boa fama.[1]

Parece que nós infringimos o nono mandamento toda vez que pecamos com a língua! Qualquer pecado da língua quebra o nono mandamento.

O Catecismo de Westminster aponta algo interessante: podemos levantar falso testemunho contra nós mesmas. Fazemos isso sempre que nos rebaixamos – "Eu sou uma idiota!", dizemos quando a louça nos foge ao controle e se esmaga no chão. Também dizemos falso testemunho contra nós mesmas quando nos focamos sempre em nossas fraquezas, em vez de nos vermos através das lentes da Palavra de Deus. Precisamos de uma autoimagem mais positiva, o mundo diz, mas isso só é possível quando somos moldadas pela Palavra de Deus. Uma autoimagem positiva se mostra quando refletimos a imagem de Deus. O mundo nos diz que devemos nos gloriar em nossos próprios esforços, naquilo que nos faz sobressair ou ultrapassar as realizações dos outros. A Bíblia, por outro lado, nos ensina a regozijarmos por termos sido feitas à imagem de nosso Criador. Uma autoimagem realmente positiva pode ser vislumbrada nas palavras do Salmista: "Pois tu formaste o meu interior, tu me teceste no seio de minha mãe. Graças te dou, visto que por modo assombrosamente maravilhoso me formaste; as tuas obras são admiráveis, e a minha alma o sabe muito bem" (Salmo 139.13-14).

Em relação ao nosso próximo, o falso testemunho pode ocorrer mais pelo que não dizemos do que por aquilo que de fato dizemos. Nós damos falso testemunho sempre que nos recusamos a defender alguém que está sendo difamado em nossa presença (falaremos mais sobre isso adiante). Também podemos dizer falso testemunho contra nosso próximo em nosso coração, quando temos a prentensão de julgar suas intenções ou motivos.

Maça, espada e flecha aguda é o homem que levanta falso testemunho contra o seu próximo. (Provérbios 25.18)

Exagero
Nós também pecamos com nossas palavras quando exageramos a verdade. Não estou falando de embelezar, como no meio literário, os momentos em que contar história é divertido e a audiência sabe que as palavras floreadas daquele que conta a história são usadas de modo a surtir certo efeito. Estou falando de distorcer os detalhes reais para chamar atenção. Pode não parecer ter importância, mas ao longo do tempo todas as palavras daquele que exagera perdem a credibilidade.

*O coração do sábio é mestre de sua boca
e aumenta a persuasão nos seus lábios. (Provérbios 16.23)*

Pense em nossa reação normal à propagandas televisivas. Nós realmente não acreditamos que o cereal matinal vai aumentar a concentração de nossos filhos em 20%, ou que usar aquele determinado shampoo vai transformar nosso cabelo geneticamente crespo em um liso absoluto. Não acreditamos nessas coisas, porque nossa experiência nos diz que, geralmente, os produtos prometem mais do que realmente podem fazer. Da mesma forma, se nós rotineiramente exageramos a verdade, as pessoas passarão a dar pouco valor ao que dizemos.

Devemos ficar atentas contra isso, pois é algo em que nos metemos muito facilmente. "Eu odeio inverno!", dizemos, mas provavelmente não odiamos, se considerarmos que odiar envolve um desejo forte, entranhado, pela destruição de algo ou de alguém. "Meu corte de cabelo ficou totalmente catastrófico!" Será? Pode ser que desejemos reverter aquilo como um sobrevivente do tsunami no Japão. "Eu adoro casimira!" Espero que não, pois adorar é cultuar.

Exagero é um costume do ser humano, mas não é o costume da mulher sábia, aquela que compreende que, como afirmou Jesus, elas serão responsabilizadas por toda palavra frívola que disserem.

Difamação

A mulher sábia evita a difamação, pois ela arruina a reputação de outrem. Provérbios nos mostra que a difamação é uma característica dos insensatos:

> *O que retém o ódio é de lábios falsos, e o que difama é insensato.*
> (Provérbios 10.18)

Alguns anos atrás, um jovem de nossa comunidade se envolveu em um problema e foi disciplinado pela igreja. Aqueles que sabiam da situação foram admoestados pelo pastor para que não tocassem no assunto com pessoas de fora, a fim de preservar a reputação daquele jovem. Eu fiquei muito impactada com as instruções dadas pelo pastor, porque, afinal de contas, o rapaz realmente era culpado por aquele pecado. Não obstante, discutir aquela situação poderia prejudicá-lo ainda mais. As histórias aumentam à medida que são divulgadas, e como a natureza humana é falha, supõe sempre o pior a respeito de alguém. Em razão disso, somos capazes de difamar alguém, ainda que aquilo que estejamos dizendo seja realmente a verdade.

Falta de cuidado com as palavras
Outro discurso insensato abordado em Provérbios diz respeito a quanto e quando falamos. Provérbios vincula o insensato à multidão de palavras – quer dizer, ao muito falar:

No muito falar não falta transgressão,
mas o que modera os lábios é prudente. (Provérbios 10.19)

Vemos que o pouco falar é sinônimo de sabedoria, de modo que o quanto falamos expõe aos outros se somos mulheres sábias ou tolas. O insensato fala sem antes pensar, portanto, as palavras da mulher sábia são convenientes e bem consideradas. A mulher sábia pratica o discernimento com suas palavras:

Quem retém as palavras possui o conhecimento,
e o sereno de espírito é homem de inteligência.
Até o estulto, quando se cala, é tido por sábio,
e o que cerra os lábios, por sábio. (Provérbios 17.27-28)

Tens visto um homem precipitado nas suas palavras? Maior esperança há para o insensato do que para ele. (Provérbios 29.20)
O coração do justo medita o que há de responder, mas a boca dos perversos transborda maldades. (Provérbios 15.28)

Responder antes de ouvir é estultícia e vergonha. (Provérbios 18.13)

A respeito do último verso, Provérbios 18.13, temos o hábito de cortar os outros no meio da frase, presumindo que sabemos o que eles vão dizer?

Continuando no assunto, não posso deixar de mencionar aqueles que andam com o celular sempre no ouvido, como se este fosse uma parte do corpo. "Eu sou multifuncional!", é a explicação. Contudo, apenas nesta última geração algo multifuncional passou a ser considerado mais virtuoso do que um momento de silêncio e reflexão. Além do mais, esta é frequentemente uma desculpa que damos quando, por uma razão qualquer, mergulhamos em nossos pensamentos. Semana passada, quando estava parada no trânsito, resolvi contar quantos motoristas eu podia avistar falando ao celular. De doze carros que passaram por mim, oito tinham motoristas usando seus celulares; seis deles eram mulheres. Telefonemas na rua, em casa, no balcão da lanchonete – nós falamos demais, e de acordo com Provérbios, isto é insensatez.

Além da sabedoria de quando e quanto falamos, há também sabedoria em nosso tom de voz:

O que bendiz ao seu vizinho em alta voz, logo de manhã, por maldição lhe atribuem o que faz. (Provérbios 27.14)

A mulher imoral, descrita em Provérbios 7, possui um alto tom de voz:

É apaixonada e inquieta, cujos pés não param em casa (Provérbios 7.11)
E assim é também a mulher apaixonada:

A loucura é mulher apaixonada, é ignorante e não sabe coisa alguma. (Provérbios 9.13)

A respeito do quanto e com que frequência falamos, e o tom de voz que usamos, aqui está a sabedoria:

O que guarda a boca e a língua guarda a sua alma das angústias.
(Provérbios 21.23)

Sabedoria no falar não somente nos guarda dos problemas, mas também traz muita alegria:

O homem se alegra em dar resposta adequada,
e a palavra, a seu tempo, quão boa é! (Provérbios 15.23)

Fofoca
Uma das coisas que Provérbios deixa claro é o quanto nossas palavras afetam nossos relacionamentos. A fofoca provoca um tremendo impacto. Somos ensinados:

O mexeriqueiro descobre o segredo,
mas o fiel de espírito o encobre. (Provérbios 11.13)

Em outras palavras, a pessoa que faz fofoca revela um espírito infiel para com o relacionamento. Além disso,

O homem perverso espalha contendas,
e o difamador separa os maiores amigos. (Provérbios 16.28)

Este provérbio nos fala que não importa quão forte seja a estrutura que um relacionamento tenha, a fofoca pode destruí-lo. Pense na sua amizade mais próxima: o que une vocês? Não são as lembranças de experiências compartilhadas, tanto boas como ruins, e as confidências que fizeram uma à outra, à medida que resolviam as complexidades da vida e enfrentavam seus momentos difíceis? Agora, considere o que Provérbios ensina: a fofoca tem o poder de apagar tudo isso.

Apesar de sabermos que fofoca é pecado, não temos a tendência de vê-la da mesma forma destrutiva que Provérbios mostra. Geralmente olhamos para a fofoca como mais um daqueles "pecadinhos", algo que sabemos que é errado mas não ruim o bastante a ponto de lutarmos contra ela, em nosso coração e em nossa vida. Algumas de nós tratamos o pecado da fofoca como apenas um "motivo de oração", espalhamos boatos para nossos amigos ou para nosso grupo de estudo bíblico, com sussurros e expressões de preocupação. Aqueles que escutam com avidez também são participantes da fofoca. Será que percebemos que dar ouvidos à fofoca é tão ruim quanto fazê-la?

Quer façamos fofoca ou demos ouvidos à ela, estamos provando a nós mesmas que não somos confiáveis. Então, por que nos envolvemos nisso? Às vezes, porque acreditamos ser um meio de aprofundar um vínculo. "Estou muito incomodada com o que Sarah fez semana passada", Sally diz a Susie, "e tenho que contar isso a alguém. Estou lhe contando, porque sei que posso confiar que você não vai dizer a ninguém". É irônico, mas Sally está minando aquilo que deseja de Susie – um vínculo mais sério – pois, em algum momento, Susie perceberá que, se Sally fala de Sara para ela, então pode facilmente falar dela para Sarah.

A fofoca e todos os outros pecados da língua provocam problemas de relacionamento. Pense em todo conflito que você já teve: não foi algum tipo de palavra que o desencadeou? Talvez agora mesmo estejamos lembrando de um ou outro conflito que esteja acontecendo em nossa vida ou com pessoas que conhecemos. Como podemos usar nossas palavras para responder sabiamente a estes conflitos? Algo que podemos fazer é comprometermo-nos a não nos envolvermos em qualquer tipo de mexerico que esteja se espalhando ao nosso redor, seja falando ou ouvindo.

> *Sem lenha, o fogo se apaga;*
> *e, não havendo maldizente, cessa a contenda. (Provérbios 26.20)*

Se sabemos que a fofoca traz consequências tão negativas, por que nos envolvemos nela? Como já percebemos, uma razão é que acreditamos na mentira de que ela vai estreitar nossos laços com a pessoa que nos ouve. Outra razão é a seguinte:

> *As palavras do maldizente são doces bocados*
> *que descem para o mais interior do ventre. (Provérbios 18.8)*

Primeiramente, fazemos fofoca porque é agradável, é o que a Bíblia diz. Esta verdade se prova pela nossa reação às letras garrafais de manchetes que vemos nas revistas e jornais – que publicam fofocas – enquanto estamos na fila do supermercado. Apenas dando uma olhada naqueles destaques, ficamos por dentro de casos sórdidos, problemas judiciais, vícios e hábitos alimentares das celebridades do momento. A reação de um cristão deveria ser de tristeza, mas, pelo contrário, nós ficamos contentes. A exposição das dificuldades dos outros nos fazem sentir melhores conosco. "Pelo menos eu não tenho esse problema", pensamos com superioridade presunçosa, ou: "Meu pecado não é tão grave como o dela". Espreitar os problemas particulares dos que são bem sucedidos, nos padrões do mundo, também faz sentirmo-nos vingados – todo o dinheiro, corpos perfeitos e casas deslumbrantes não podem evitar os mesmos problemas que outros têm. Somos lembrados com todas as letras que o mundanismo não nos paga à altura do que promete.

Isto é assim tão ruim? Sim, porque estamos renovando nossa satisfação às custas dos outros. Considere como Asafe enfrentou circunstâncias semelhantes em seus dias:

> Quanto a mim, porém, quase me resvalaram os pés;
> pouco faltou para que se desviassem os meus passos.
> Pois eu invejava os arrogantes, ao ver a prosperidade dos perversos.
> Para eles não há preocupações, o seu corpo é sadio e nédio.
> Não partilham das canseiras dos mortais, nem são afligidos como os outros homens...
> Os olhos saltam-lhes da gordura; do coração brotam-lhes fantasias.
> Motejam e falam maliciosamente; da opressão falam com altivez.
> Contra os céus desandam a boca, e a sua língua percorre a terra...
> Eis que são estes os ímpios; e, sempre tranqüilos, aumentam suas riquezas.
> Com efeito, inutilmente conservei puro o coração e lavei as mãos na inocência...
> Se eu pensara em falar tais palavras, já aí teria traído a geração de teus filhos.
> Em só refletir para compreender isso, achei mui pesada tarefa para mim;
> até que entrei no santuário de Deus e atinei com o fim deles.
> Tu certamente os pões em lugares escorregadios e os fazes cair na destruição.
> Como ficam de súbito assolados, totalmente aniquilados de terror!
> (Salmo 73.2-19)

Tal como fazemos, às vezes, Asafe se perguntou se valia a pena seguir os caminhos de Deus. Ao olhar os ímpios ao seu redor, ele viu suas aparentes vantagens, e teve inveja. Contudo, ouvir boatos sobre a queda dos mundanos não era seu caminho para a paz. Antes, ele o encontrou na presença de Deus, que lhe concedeu uma perspectiva de longo alcance.

Além disso, não era a queda dos mundanos que o fazia feliz; era o fato de que os propósitos e a glória de Deus e seus caminhos prevalecem inevitavelmente e, portanto, o povo de Deus pode seguir os seus caminhos com segurança.

Fofoca nos faz sentir bem, como doces bocados, por muitas razões. Entretanto, teremos que empregar todo esforço para resistir a ela, talvez um esforço contínuo, durante toda a vida. Teremos que nos comprometer a não "ventilar" ou espiritualizar nossas palavras sobre os outros.

E quanto às situações ou conflitos de relacionamento, nos quais precisamos de conselho ou abertura de alguém em quem confiamos? Certamente, há momentos em que discutir a respeito de outra pessoa não entra na categoria de fofoca; em muitos de nossos conflitos de relacionamento nos beneficiamos do auxílio de outros. Quando se trata de determinar o que é e o que não é fofoca, em nosso caso em particular, geralmente nosso coração nos mostra por quê queremos falar dos outros, se formos honestas o bastante para ver. Estamos buscando justificação? Estamos incluindo uma terceira pessoa no conflito porque queremos que alguém fique do nosso lado? Ou estamos buscando ajuda porque desejamos reconciliação? Em muitas coisas, nossos motivos fazem diferença.

Lisonja

A língua falsa aborrece a quem feriu, e a boca lisonjeira é causa de ruína.
(Provérbios 26.28)

A mulher impregnada de sabedoria bíblica normalmente vê através das lisonjas; ela pode sentir a diferença entre um elogio sincero e palavras lisonjeiras. Um elogio é feito com o objetivo de edificar, enquanto a lisonja é para lucro pessoal. O elogio é centralizado em outrem; a lisonja é centralizada em si. Pessoas que lisonjeiam estão interessadas em alguma coisa. Considere um estereótipo grosseiro, um homem de boa aparência com certa lábia, que corteja uma mulher ingênua, solitária e rica. Como ele age? Ele a lisonjeia. Ela é a mais bela das criaturas que já andou por esta terra, ele diz; e porque ela deseja tão desesperadamente ser amada, ela fará qualquer coisa, até mesmo empobrecer-se, para matê-lo por perto. Sua lisonja deu-lhe o que ele queria.

Provérbios nos alerta a agirmos com cuidado e discernimento:

O homem que lisonjeia a seu próximo arma-lhe uma rede aos passos.
(Provérbios 29.5)

A lisonja nos ataca onde somos fracos. Ela apela ao nosso desejo de ser amada, admirada e procurada. Em certo nível, todas nós desejamos ser cobiçadas, e é a isto que a lisonja apela. Os lisonjeadores tentam chegar até nós apelando para este desejo. A mulher sábia não só guarda seu coração das palavras lisonjeiras dos outros, como também guarda sua língua de oferecer lisonjas. Nós não dizemos ao nosso chefe que seu discurso foi fantástico na reunião, se seu discurso foi medíocre. Não dizemos à vizinha que ela é admirada por todo mundo na cidade, porque queremos um convite para a festa que ela vai dar. Uma gíria moderna para lisonja é "sugar", que é o que fazemos sempre que oferecemos louvor na esperança de lucro pessoal.

Línguas transformadas

Como podemos ver, o modo como usamos nossa língua mostra claramente se somos mulheres sábias ou insensatas. Seremos conhecidas pelo que dizemos e pela maneira como dizemos. Esta verdade é bastante frustrante, pois quem entre nós nunca exagerou a verdade, ou fez alguma fofoca, falou demais ou lisonjeou alguém? Todas nós pecamos pela língua. E é neste ponto que podemos ver outro modo pelo qual o livro de Provérbios aponta para Cristo. Desejamos ser sábias, mas quando descobrimos que muito do que falamos é de fato insensatez, reconhecemos que nossa necessidade de sabedoria excede, em muito, nossa habilidade de lançarmos mão dela. Uma língua sábia vem somente do Homem Sábio, em cuja boca nunca houve dolo. Jesus nunca mentiu, exagerou, fofocou ou lisonjeou. Toda palavra que Ele disse foi perfeita para a ocasião e alcançou os propósitos de Deus – toda palavra. Só quando dependemos totalmente dEle como Aquele que falou perfeitamente por nós, encontramos o que precisamos para nos tornarmos mulheres de palavras sábias. E encontramos isso, se olhamos para Ele. Se meramente tentamos observar o que dizemos, as palavras sábias se mostrarão frustrantemente difíceis; somos muito pecadoras para realizarmos isso por nós mesmas. A mulher de palavras sábias é aquela cujo coração está sendo transformado por Cristo, à medida que reconhece que a mudança real e duradoura ocorre apenas quando ela reflete todas as palavras de seu Senhor.

Palavras de Sabedoria

Vale a pena buscarmos estas palavras, pois:

*Cada um se farta de bem pelo fruto da sua boca,
e o que as mãos do homem fizerem ser-lhe-á retribuído. (Provérbios 12.14)*

E também:

Os lábios do justo apascentam a muitos, mas, por falta de senso, morrem os tolos. (Provérbios 10.21)

Palavras governadas pela sabedoria abençoam não somente aqueles que as ouvem, mas também aqueles que as proferem. Provérbios nos fala explicitamente como as palavras sábias abençoam e as maneiras como a mulher sábia as usa.

Palavras Brandas
Em Provérbios, aprendemos que um tom de voz suave cessa contendas:

A resposta branda desvia o furor, mas a palavra dura suscita a ira. (Provérbios 15.1)

Palavras serenas também trazem cura:

A língua serena é árvore de vida, mas a perversa quebranta o espírito. (Provérbios 15.4)

Novamente vemos que a Bíblia atribui valor ao nosso tom de voz. Isso importa mais do que realmente pensamos, e reconhecer isto é um sinal importante de sabedoria.

Palavras Oportunas

A mulher sábia sabe o que falar e quando falar:

*A língua dos sábios adorna o conhecimento,
mas a boca dos insensatos derrama a estultícia. (Provérbios 15.2)*

Ela sabe quando a repreensão é a melhor maneira de amar alguém:

Melhor é a repreensão franca do que o amor encoberto. (Provérbios 27.5)

A mulher sábia também sabe quando é melhor ficar em silêncio:

Melhor é um bocado seco e tranqüilidade do que a casa farta de carnes e contendas. (Provérbios 17.1)

Isso inclui até o discernimento de quando se deve falar das coisas de Deus. Jesus disse a Seus discípulos: "Não deis aos cães o que é santo, nem lanceis ante os porcos as vossas pérolas, para que não as pisem com os pés e, voltando-se, vos dilacerem" (Mateus 7.6). Há muitos anos atrás, percebi minha necessidade de sabedoria neste exato contexto. Alguém com quem eu me preocupava zombava da fé cristã, e sempre que eu procurava falar do Evangelho recebia uma resposta sarcástica e blasfema. Até que numa ocasião em que tive uma experiência bastante dolorosa com minha tentativa, o Espírito Santo trouxe ao meu coração estas palavras em Mateus , e deste dia em diante parei de falar qualquer coisa sobre a fé cristã na presença dessa pessoa. Eu não parei de falar porque meus sentimentos estavam feridos, mas porque o nome de Cristo estava sendo difamado, e eu podia sentir o Espírito Santo sendo entristecido durante aquelas conversas. Anos mais tarde, entretanto, aquela minha amiga foi humilhada por tristezas da vida, e então tornou-se aberta a ouvir a verdade. Fiquei feliz em poder falar novamente de Jesus para ela.

Compreender o momento certo de aplicar o mandamento de Jesus requer sabedoria, pois é fácil confundir alguém que esteja insultando o Evangelho com algo que é apenas nosso desconforto pessoal em falar de Jesus a um incrédulo. No entanto, como discernimos a diferença? D. A. Carson nos ajuda a seguir:

> Jesus ordena Seus discípulos a não compartilharem as mais ricas partes da verdade espiritual com alguém que seja persistentemente perverso, desrespeitador ou ingrato. Tal como as pérolas são desprezadas por animais selvagens, mas somente os fazem enfurecer e tornarem-se perigosos, assim também muitas das riquezas da revelação de Deus não são apreciadas por muitas pessoas. E por mais doloroso que seja ver isso, essas ricas verdades só servirão para endurecê-los.[2]

OUVIDOS SÁBIOS

Ser uma mulher de palavras sábias requer ouvir cuidadosamente aquilo que os outros dizem. Com efeito, Provérbios nos ensina o modo de ouvir alguém que seja comprovadamente mentiroso:

> *Aquele que aborrece dissimula com os lábios, mas no íntimo encobre o engano;*
> *quando te falar suavemente, não te fies nele,*
> *porque sete abominações há no seu coração. (Porvérbios 26.24-25)*

Isto é algo muito forte. A Palavra de Deus nos alerta a ficarmos atentos contra todos que, propositalmente, mentiram para nós em tempos passados, e nos dá uma dica daquilo que reside no coração do mentiroso. Apesar de não podermos conhecer explicita ou precisamente o coração dos outros, Deus pode, e aqui a Bíblia, graciosamente, nos revela uma parcela disso. À luz desta revelação e de seu chamado para vigiarmos, podemos imitar aqueles que dizem: "Minta para mim uma vez, vergonha para você; minta para mim duas vezes, vergonha para mim".

Outro momento em que é necessário que tenhamos ouvidos sábios é quando tentamos mediar um desentendimento entre outros. Provérbios nos adverte a ouvir os dois lados antes de julgar o assunto:

> *O que começa o pleito parece justo, até que vem o outro e o examina.* (Provérbios 18.17)

Você sabe o que dizem: "Toda história tem sempre três lados – o dele, o dela e o real".

Quão melhores serão nossos relacionamentos – pois mais paz teremos – quando nos tornarmos sábias com nossos ouvidos e nossa língua! O Apóstolo Paulo escreveu: "A vossa palavra seja sempre agradável, temperada com sal, para saberdes como deveis responder a cada um" (Colossenses 4.6). Quem é suficiente para realizar estas coisas? Apenas um: "O SENHOR Deus me deu língua de eruditos, para que eu saiba dizer boa palavra ao cansado. Ele me desperta todas as manhãs, desperta-me o ouvido para que eu ouça como os eruditos" (Isaías 50.4).

O MUNDO...
"Mesmo que uma amiga esteja dizendo a coisa mais estúpida que eu já tenha ouvido, eu não a contradigo – pois eu não quero que ela seja negativa para comigo."
– Charlotte, 34, revista Marie Claire

A PALAVRA...
Leais são as feridas feitas pelo que ama, porém os beijos de quem odeia são enganosos.
– Provérbios 27.6

Capítulo 4

A mulher sábia escolhe cuidadosamente seus amigos

Semelhanças geram amizades, meu pai me disse quando eu era adolescente; e visto que eu estava naquela idade complicada, onde as amizades vêm e vão como as marés, suas palavras causaram um impacto imediato e profundo sobre mim. Naquele mesmo dia, a estrutura social do Segundo Grau repentinamente passou a fazer sentido, e mais adiante eu continuei a ver que a veracidade de suas palavras não era apenas concernente às chamadas "amigas para sempre" da adolescência fugaz, mas também relativas a amizades da fase adulta. Temos a tendência de nos apegar àqueles cujas vidas se entrelaçam à nossa de uma maneira ou de outra. Conforme envelhecemos, a natureza dessas interseções se aprofunda. Pontos de ligação em comum para adolescentes - esportes, notas, popularidade – amadurecem na fase adulta (espera-se) e mudam para coisas como ética e fé religiosa. Não obstante, mesmo como adultos, muitos dos laços que formamos surgem da conveniência, em vez da convicção, mais por motivos egoístas do que por motivos piedosos.

Considere as amizades em sua vida. Como elas surgiram? Os laços se formaram profundamente ou mais através do compartilhar das semelhanças da vida cotidiana? A maioria de nós tem algumas amizades que surgiram assim, originalmente, de associações com nossos vizinhos ou colegas de trabalho, que foram criando raízes ao longo do tempo. Essas amizades são importantes para nosso testemunho cristão e pelas oportunidades que elas apresentam de mostrarmos o amor de Cristo, e também por ser uma bênção em nossa vida a possibilidade de termos harmonia e companheirismo com aqueles que nos rodeiam. Nem toda amizade precisa ser formada depois de fazermos muitas considerações.

Contudo, outras necessitam; e são as que abordaremos neste capítulo. Amiga é aquela que escolhemos para confiar nosso coração. Certamente que podemos aplicar a palavra amizade a muitos de nossos relacionamentos, mas o que queremos abordar aqui é o tipo de amizade que permitimos fazer parte de nosso coração e nossa vida, ao ponto de nos influenciar consideravelmente. Amizades como esta precisam ser iniciadas com cuidado, como Provérbios claramente mostra:

O justo serve de guia para o seu companheiro,
mas o caminho dos perversos os faz errar. (Provérbios 12.26)

Quem anda com os sábios será sábio,
mas o companheiro dos insensatos se tornará mau. (Provérbios 13.20)

CILADAS DA AMIZADE

Antes de vermos o que Provérbios diz sobre escolhas relativas à amizade, voltemos a considerar alguns dos obstáculos que podem nos conduzir a escolhas insensatas em lugar de sábias. Sendo assim, porque escolhemos aprofundar os laços de certas associações, mas não de outras? Observemos nas linhas seguintes aquilo que nos motiva e pode se mostrar útil. Aqui estão algumas armadilhas que estão em nosso coração e nos levam as fazer escolhas destrutivas de amizade:

Desejo pecaminoso
Anos atrás, quando morava no Center City Philadelphia, eu residia do outro lado da alameda onde vivia um viciado em heroína, um jovem amistoso, porém muito perdido. De vez em quando, nós conversávamos e ele me falava livremente de seu hábito, como se estivéssemos falando sobre um dia rotineiro no escritório. Havia alguns pontos de negócio no bairro – uma videolocadora e um bar de esquina – onde, diariamente, este rapaz ia para comprar droga. Eu fiz uma refeição naquele bar em certa ocasião, e como estava atenta, testemunhei ao menos uma dúzia de transações ilegais durante minha refeição. Pessoas de todo tipo – homens, mulheres, profissionais e prostitutas – um a um entravam no bar e iam em direção a um homem, o traficante, que ficava assentado num banco no fundo do bar. Poucas palavras eram trocadas entre o traficante e a pessoa, e, se você olhasse para o balcão, veria a troca de dinheiro por um pedaço de papel amarelo dobrado que continha uma quantidade do pó ilegal. Por causa de tudo que meu vizinho compartilhou comigo naquelas conversas informais, eu era a primeira a ver um aspecto do mundo do crime. Certa vez, perguntei a meu vizinho como os usuários de droga identificavam lugares como o bar e a locadora, e ele me respondeu: "se você procurar, vai achar".

Amizades podem se formar da mesma maneira. Se temos algum hábito indulgente ou pecaminoso, nosso "radar" detectará aqueles que compartilham da mesma inclinação, e quando encontrarmos alguém, um laço se formará quase que instantaneamente. Às vezes, é necessário apenas uma ou duas palavras. Talvez, você saiba do que eu estou falando. Como disse o viciado em heroína: se você procurar, vai encontrar.

Evitar que certos laços se formem não significa, necessariamente, evitar todos que pequem em áreas contra as quais lutamos, embora isto seja necessário por um tempo.

A única garantia contra a formação deste tipo de laço destrutivo é ser extremamente honesto com Deus a respeito do quanto amamos um determinado pecado, mesmo sabendo que devemos odiá-lo. A verdadeira mudança não começa quando tentamos muito não fazer algo pecaminoso, mas quando somos sinceros com Deus sobre não querermos experimentar aquilo de jeito nenhum. Diga a Deus, e então diga a uma amiga piedosa. Estes são passos concretos a caminho do arrependimento e para se evitar o laço de uma amizade destrutiva.

Edificando o Ego

Buscar amizades com aqueles que caminham com o Deus que respeitamos é, de acordo com Provérbios, uma sábia procura. Entretanto, nós realmente ansiamos por um relacionamento com a líder do estudo Bíblico, ou simplesmente queremos ser conhecidas por ter um laço mais estreito com ela? Às vezes, não é uma amizade piedosa que procuramos tanto, mas a reputação por sermos piedosas. Infelizmente, destaque do nome e ascensão social acontecem na igreja, tanto quanto em qualquer outro lugar. Portanto, fazemos bem em considerar por quê e como contamos a outros que jantamos com o pastor e sua esposa na semana passada, ou que um dos anciões pediu conselho ao nosso marido, ou que fazemos caminhada toda terça-feira com um famoso palestrante de retiros espirituais.

Não te glories na presença do rei, nem te ponhas no meio dos grandes; porque melhor é que te digam: Sobe para aqui!, do que seres humilhado diante do príncipe. (Provérbios 25.6-7)

Em contrapartida, devemos ter cautela com nossas motivações, ao aprofundarmos um relacionamento com alguém que nos admira. Isto é algo muito tentador a se fazer quando nos sentimos particularmente inseguras, ou quando tivemos uma experiência recente de rejeição. Uma forma de detectar esta motivação em nosso coração é quando nos sentimos atraídas por alguém que nos lisonjeia. Já vimos o que Provérbios diz sobre a lisonja, e que nos adverte:

Não te metas com quem muito abre os lábios. (Provérbios 20.19)

Identidade Equivocada

Se não nos apoiarmos em Cristo como nossa âncora, vamos buscar segurança em algum outro lugar – todo lugar – e, mais frequentemente, em nossos relacionamentos. Às vezes, apesar de inconscientemente, nos apegamos a uma amizade com o único intuito de preencher aquele vazio em nosso coração. Sobre esse tipo de amizade, uma coisa é certa: não será um relacionamento harmonioso por muito tempo. Como poderia ser, se estamos tentando colocar um ser humano no lugar que apenas Deus pode ocupar? Neste tipo de amizade, cada um se apega ao outro, na tentativa da obter aquilo que acredita que o outro seja obrigado a oferecer. A cultura pop chama isso de "codependência". A Bíblia chama isso de "idolatria". De qualquer forma, Deus não designou a amizade como meio de autogratificação. Ficaremos insatisfeitas com qualquer relacionamento no qual busquemos mais receber do que dar.

Claro, todos nós concordamos que as amizades são uma bênção para cultivarmos, ao invés de algo para usarmos, mas nosso coração pode se enganar com nossas motivações. Confusões frequentes em uma amizade podem servir como uma chamada a examinarmos nossos corações.

Bens materiais
Algo desagradável de se pensar – Provérbios nos diz que os ricos serão apreciados por alguns apenas por seu dinheiro:

As riquezas multiplicam os amigos; mas, ao pobre, o seu próprio amigo o deixa. (Provérbios 19.4)

E também:

Ao generoso, muitos o adulam, e todos são amigos do que dá presentes. (Provérbios 19.6)

Algumas mulheres ricas reconhecem esta intragável verdade sobre a natureza humana e usam isso para vantagem pessoal, como um meio de conseguir amigos. Outras mantêm a guarda, protegendo-se da amizade com qualquer um de quem elas suspeitem ter interesse material. Uma mulher rica que teme ao Senhor, entretanto, é capaz de reconhecer a natureza humana e, ao mesmo tempo, amar aqueles que procuram sua amizade, independentemente de seus motivos. Ao reconhecer as limitações de uma amizade como esta, ela ainda assim não ficará presa a sentimentos feridos, nem rejeitará cruelmente alguém que gosta dela pelo que ela tem e não por quem ela é.

Escolhas insensatas de amizade

Não é de surpreender que Provérbios seja tão claro a respeito da sabedoria de evitar amizade com certos tipos de pessoa. O que surpreende são os tipos contra os quais ele nos adverte.

Os Coléricos

Provérbios nos admoesta a não fazer amizade com pessoas coléricas. Até aqui, não penso que tenho dado muita importância ao aspecto da ira, quando se trata de pesar os méritos de minhas amizades. Você tem? O que isso exatamente significa? Isto significa que não devemos fazer amizade com alguém que não consegue controlar seu temperamento? E se não devemos, por que não? Para responder estas perguntas, precisamos nos lembrar que o foco aqui não são os envolvimentos, mas a quem escolhemos entregar nosso coração, a ponto de nos deixarmos influenciar. É, provavelmente, contra este contexto que Provérbios adverte:

Não te associes com o iracundo,
nem andes com o homem colérico,
para que não aprendas as suas veredas e,
assim, enlaces a tua alma. (Provérbios 22.24-25)

O tipo de ira que vemos aqui não é tanto aquela explosão ocasional de frustração verbal em uma criança recalcitrante, ou em um motorista desagradável. Pelo contrário, é alguém "dado à ira", alguém que se caracteriza por um espírito irado. A preocupação que o provérbio expressa não é que comecemos a externar palavras de ira, mas que sejamos influenciados pelo pensamento que habita o coração do colérico. Uma pessoa constantemente irritada, geralmente, não tem uma vida de submissão a Deus. De fato, a ira crônica indica um coração que está em guerra contra Deus. Pessoas cronicamente iradas são aquelas cujas exigências e expectativas pessoais não são realizadas, seja por Deus ou por aqueles que as rodeiam. Uma dona de casa que baseia sua reputação em ter uma casa impecavelmente limpa, ficará irada sempre que encontrar desordem, marcas de sapato ou camas desarrumadas. Da mesma forma, uma moça solteira que não aceita seu estado civil pode se deixar tomar por ira e amargura, em relação às mulheres casadas, a quem ela vê como pessoas mais abençoadas.

Todas nós temos expectativas e esperanças, é claro, mas qual é a reação do nosso coração, quando as coisas não acontecem do jeito que nós gostaríamos? A mulher sábia não se apega tanto às suas esperanças, de modo que, se elas não se cumprirem, Deus sabe o que é melhor. Ira crônica, por outro lado, é a reação típica de alguém que tem a mentalidade do tipo "é do meu jeito ou nada feito". Isto é puro orgulho, e é contra isso que Provérbios nos adverte. A convivência com o orgulhoso, cuja arrogância é revelada pela própria ira crônica, é sempre um perigo para o nosso coração, pois todos nós somos orgulhosos por natureza. Viver em proximidade com Cristo é o único meio de dominarmos o orgulho.

A autossatisfação

Algo bastante importante a se considerar numa possível amizade é seu nível de interesse ou apego a prazeres sensuais. Em outras palavras, somos sábias, ao não escolhermos para amigas próximas, pessoas que são apegadas a prazeres terrenos, carnais. Uma boa regra de ouro para medirmos nossa saúde espiritual em relação às coisas criadas é a indiferença. Estamos aptas a tomar ou deixar certos alimentos e bebidas, fazer ou não as unhas ou uma viagem a Aruba? Temos liberdade para desfrutar de tais coisas sem que cheguemos ao ponto de precisar delas. Deus nos deu todas as coisas para apreciarmos, como Paulo escreveu em 1 Timóteo 6.17, mas Provérbios nos admoesta:

> *Não estejas entre os bebedores de vinho nem entre os comilões de carne.*
> *Porque o beberrão e o comilão caem em pobreza;*
> *e a sonolência vestirá de trapos o homem. (Provérbios 23.20-21)*

Por outro lado, sabemos que Jesus participou de grandes banquetes (Mateus 11.19; Lucas 7.34). Portanto, que conclusões devemos tirar quando temos diante de nós passagens como estas, que parecem levar-nos a comportamentos extremistas? Aqui vemos com clareza a necessidade de sabedoria, quando se trata da Palavra de Deus. A mulher sábia – aquela que deixa sua vida ser governada pelo temor do Senhor – é uma mulher de discernimento. Ela aprendeu que deve levar em consideração não apenas o que as Escrituras dizem sobre um assunto em particular, mas também o grande contexto de toda a Bíblia, antes de determinar como aplicá-la. Ao decidir se vai aprofundar uma amizade, com uma mulher aparentemente muito entregue ao prazer sensual, a mulher sábia considera o fato de que as pessoas são livres para apreciar tudo que Deus nos deu na criação, mas ela vai analisar, em contrapartida, aquilo que as Escrituras dizem sobre as consequências do abuso dos prazeres materiais. Ela reconhece que Jesus esteve, sim, entre pessoas que bebiam muito, mas ela vê que Seu propósito em fazer isso não era mundano, era redentivo. Por estudar as Escrituras, ela pode, então, concluir, para seu próprio bem estar espiritual, que aprofundar esta amizade não é uma atitude sensata, mas pode se comprometer a envolver-se, com o intuito de falar frequentemente do evangelho.

Neste e em qualquer outro fator que consideremos, quando determinamos o grau de envolvimento em uma determinada amizade, podemos refletir numa observação verdadeira que alguém sabiamente fez: "Nós nos conformamos com o objeto de nosso interesse e amor". E ainda mais solenes são as palavras do Apóstolo Paulo: "Não vos enganeis: as más conversações corrompem os bons costumes" (1 Coríntios 15.33).

Como fazer a escolha

Que critérios a mulher sábia deve levar em conta, ao escolher suas amizades? Em outras palavras, como ela determina a quem deve confiar seu coração? Provérbios nos mostra o que devemos considerar:

Como o ferro com o ferro se afia, assim, o homem, ao seu amigo.
(Provérbios 27.17)

O primeiro critério, ao escolhermos uma amiga, é saber se este relacionamento, acima de tudo, nos aproxima do Senhor. Ao considerar este provérbio, que você logo identifique uma amiga, ou duas, que se adeque a esta descrição. Não estou querendo dizer que você não faça outra coisa, a não ser ler a Bíblia e falar de coisas espirituais, quando estiverem juntas; mas que, após terem passado um tempo juntas, sua visão de Deus seja maior e mais repleta de alegria, e que você se sinta motivada a conhecer mais a Deus. É claro que, numa amizade assim, haverá naturalmente muita conversa sobre coisas espirituais, como também o compartilhar da luta contra o pecado; entretanto, após encontros alegres – um dia no zoológico ou um passeio no shopping – mesmo que nada de grande importância seja discutido, você pode sentir seu coração cheio de gratidão a Deus por esta amizade.

Uma pergunta simples que podemos fazer a nós mesmas sobre a natureza de um determinado relacionamento, é a seguinte: Esta amizade é enriquecedora ou prejudicial para mim, como mulher criada à imagem de Deus, e para minha caminhada na fé? Se a amizade for sensata, ambas as partes serão edificadas espiritualmente.

A mulher sábia não tem medo de fazer amizade com alguém que fale com franqueza do pecado. Na verdade, ela se aproxima de pessoas assim, porque aqueles que são honestos com relação ao pecado – o seu e o de seus amigos – costumam se importar mais com o que Deus pensa do que em serem queridos pelos outros.

Como o óleo e o perfume alegram o coração,
assim, o amigo encontra doçura no conselho cordial. (Provérbios 27.9)

Em seu tempo, Jeremias clamou contra aqueles que menosprezavam o pecado e o quanto Deus o odeia, bem como suas consequências. O Senhor falou contra essas pessoas, por meio do profeta, dizendo: "Curam superficialmente a ferida do meu povo, dizendo: Paz, paz; quando não há paz"(Jeremias 6.14). Nós queremos amigas que nos confrontem pelo que fazemos? Se desejamos isso, não nos envolveremos com aquelas que olham para nossas práticas questionáveis e dizem: "isso não é tão sério". A que tipo de amigas nos sentimos mais atraídas? Podemos ser rápidas em apontar o primeiro tipo, mas a veracidade de nossa resposta se revelará, mais precisamente, pelo tipo de lugares e pessoas nos quais investimos nosso tempo. A conclusão é que nossas escolhas de amizade são sempre um reflexo de onde estamos – ou onde buscamos estar – com o Senhor. Se nosso relacionamento com Deus é prioridade, vamos escolher amigos que fortaleçam isto e, portanto, reconheceremos esta verdade:

Leais são as feridas feitas pelo que ama,
porém os beijos de quem odeia são enganosos. (Provérbios 27.6)

Não somente em provérbios, como em toda a Bíblia, encontramos instruções e sabedoria para como devemos agir, ao escolher nossas companhias mais próximas. O Apóstolo Paulo escreveu: "Rogo-vos, irmãos, que noteis bem aqueles que provocam divisões e escândalos, em desacordo com a doutrina que aprendestes; afastai-vos deles" (Romanos 16.17). Paulo aqui escreve sobre pessoas que causam transtornos na igreja e que semeiam controvérsias entre os crentes.

Paulo também dá instruções claras, para que se evitem laços fortes com crentes cujos estilos de vida contradizem sua profissão de fé:

Já em carta vos escrevi que não vos associásseis com os impuros;
refiro-me, com isto, não propriamente aos impuros deste mundo, ou aos avarentos,
ou roubadores, ou idólatras; pois, neste caso, teríeis de sair do mundo.
Mas, agora, vos escrevo que não vos associeis com alguém que, dizendo-se irmão,
for impuro, ou avarento, ou idólatra, ou maldizente, ou beberrão, ou roubador;
com esse tal, nem ainda comais. (1 Coríntios 5.9-11)

Não apenas devemos evitar uma amizade mais íntima com crentes que vivem em pecado sem arrependimento, como nem mesmo nos associarmos com eles.

É difícil colocar isto em prática, pois parece uma atitude tão crítica! Mas isto é, na verdade, um ato de amor – amor de Deus para com aquele que está em pecado. Primeiramente, é um ato de amor para com Deus, pois estamos deixando de ser coniventes com o que O desonra. Em segundo lugar, estamos demonstrando, ao que está na prática do pecado, que o pecado é algo muito sério. Evitar tal pessoa não apenas nos ajuda a guardar nosso próprio coração da tentação e a honrar a Deus, como também serve para convencer o coração daquele que está em pecado.

Alguns anos atrás, um rapaz que conheci, crente professo, resolveu assumir sua luta durante a vida toda contra a tentação homossexual. Edward tentou, durante muitos anos, negar esta tentação, mas cansou-se desta luta e decidiu deixar a batalha. Meu coração dói por Edward, pois nunca conheceu a paz e o alívio, que vem de firmar-se em Cristo. Ele deixou sua esposa e filhos, e hoje vive assumidamente com outro homem. Também é ativamente envolvido numa organização que promove a homossexualidade, como um estilo de vida biblicamente aceito. Apesar disso ser muito preocupante, também é preocupante o fato de que alguns antigos amigos de Edward na igreja continuam a amizade, como se nada tivesse acontecido, e aceitam os dois homens como casal. Estes amigos conhecem a Palavra de Deus; portanto, ou eles estão desprezando abertamente aquilo que Paulo nos orientou a fazer nestes casos, ou estão esquivando-se desta verdade, porque apoiá-la seria uma atitude realmente desconfortável para eles. De acordo com Paulo, se os amigos de Edward realmente o amassem, se levassem a Palavra de Deus a sério, deixariam bondosa e gentilmente a sua amizade, depois de explicarem a razão.

Certamente devemos ponderar as palavras de Paulo, juntamente com as que ele escreveu em Gálatas: "Irmãos, se alguém for surpreendido nalguma falta, vós, que sois espirituais, corrigi-o com espírito de brandura; e guarda-te para que não sejas também tentado" (Gálatas 6.1). Note a diferença entre as duas passagens. Há diferença entre ser pego em transgressão, e em viver na prática de pecado. O discernimento é um fruto da sabedoria, o que significa que, em casos assim, a mulher sábia tem o entendimento de qual instrução bíblica aplicar em cada caso, em particular. Há casos – provavelmente com muita frequência – em que tirar um crente em pecado da comunhão conosco é uma decisão errada. Nossa amiga em pecado está bastante entristecida, por causa de seu pecado, e desejosa de vencê-lo, ainda que ela caia outras vezes? Se ela tem este sentimento, a passagem de Gálatas é a mais adequada para estudarmos, e aplicarmos ao caso de nossa amiga. Contudo, se por outro lado ela está defensiva e argumentativa com relação ao seu pecado, e insiste em fazer as coisas do jeito dela durante muito tempo, podemos considerar perguntar ao nosso pastor como e se a aplicação de Coríntios seria apropriada. Se acreditarmos que esta seja a conduta mais amorosa, fazemos bem em buscar conselho e ajuda de um pastor ou de outro crente maduro. Em qualquer dos casos, nosso objetivo deve ser um compromisso de amor – amor por nossa amiga, por nosso Deus e por nossa própria segurança espiritual – e a mulher sábia, em oração, avalia adequadamente a intensidade da amizade.

Amiga ou resgatadora?

Provérbios faz esta advertência:

Filho meu, se ficaste por fiador do teu companheiro e se te empenhaste ao estranho,
estás enredado com o que dizem os teus lábios,
estás preso com as palavras da tua boca.

Agora, pois, faze isto, filho meu, e livra-te, pois caíste nas mãos do teu companheiro: vai, prostra-te e importuna o teu companheiro; não dês sono aos teus olhos, nem repouso às tuas pálpebras; livra-te, como a gazela, da mão do caçador e, como a ave, da mão do passarinheiro. (Provérbios 6.1-5)

Do que Provérbios 6.1-5 fala? Sabemos que esta passagem não significa que não deveríamos ajudar pessoas em dificuldades, pois em toda a Bíblia somos admoestados a fazê-lo. Então, o que querem dizer estas palavras, e como devemos aplicá-las?

Basicamente, esta passagem nos fala para não nos responsabilizarmos pelo que pertence a outro. Por outro lado, a misericórdia faz exatamente isso. Vemos na epístola a Filemon, no Novo Testamento, que Paulo assume a dívida que pertencia ao escravo fugitivo, Onésimo. Acima de tudo, Jesus tomou sobre si e pagou por nossa dívida de pecado, ao morrer sobre a cruz. Mas a mulher sábia é capaz de distinguir entre mostrar misericórdia e assumir uma identidade perdida. Às vezes, assumir a responsabilidade em lugar de outro é prejudicial. Note a linguagem da passagem: enredado, preso, livra-te da mão do teu companheiro. A linguagem implica que há pessoas que se aproveitam da bondade, da fraqueza, ou de bens dos outros, e que quando uma mulher sábia percebe que caiu neste emaranhado relacional, ela sairá dele.

Uma aplicação desta passagem pode ser feita ao tipo de relacionamento que os psicólogos hoje descrevem como "co-dependência". Provérbios o chama de "temor de homens":

Quem teme ao homem arma ciladas, mas o que confia no SENHOR está seguro. (Provérbios 29.25)

Independente do termo que seja usado, ela é aplicável às relações em que duas pessoas desejam encontrar significado, identidade, ou fuga dos problemas da vida, no que possam obter ou fazer pelo outro. No entanto, a Bíblia diz que buscar significado ou identidade em qualquer coisa ou pessoa, fora de Cristo, é idolatria. E idolatria sempre leva à escravidão, a linguagem que vemos em Provérbios 6.1-5. Se não tivermos discernimento com relação a tais relacionamentos em nossa vida, ou sobre nossas tentações particulares à idolatria nos relacionamentos, seremos ludibriadas.

Desvencilhar-se da armadilha deste tipo de relacionamento é mais fácil na teoria do que na prática. Idolatria relacional ocorre quando as pessoas se tornam tão grandes em nosso coração que Deus fica pequeno, e uma vez que isso acontece, agradar a uma pessoa se torna muito mais importante do que agradar a Deus. Ed Welch explica:

> Já conversei com centenas de pessoas que acabam nesta mesma situação: elas têm muita certeza de que Deus as ama, mas também querem ou precisam do amor das pessoas – ou pelo menos precisam de algo de outras pessoas. Como resultado, acabam em cativeiro, controladas por outros e sentindo-se vazias. Elas são controladas por quem ou pelo que acreditam que pode lhes dar o que acham que precisam. É verdade: o que ou quem você precisa vai te controlar.[1]

A saída é apenas parar de olhar para o relacionamento e olhar para Deus. Enquanto estivermos ainda presos na armadilha da idolatria, isso pode parecer extremamente difícil de se fazer, e por isso James Boice pergunta:

> O que nos curará dos ídolos de nossa vida? Não será outro ídolo, certamente. Nem o poder, pois estamos mortos em transgressões e pecados,

portanto não temos nenhuma força de vontade em questões espirituais. A única coisa que pode nos curar é uma visão do Senhor, cuja glória vai eclipsar todo o restante, e cujo amor nos atrai a Ele somente.[2]

Você verá que, restituir ao Senhor o Seu lugar correto em nossas afeições nos capacita a amá-lo de modo supremo, e isso também nos traz clareza sobre como amar aos outros. Veremos que nossos esforços para resgatar uma amiga e para controlar seus problemas têm, de fato, impedido que ela venha ao Senhor. Olhar para fora da relação envolve uma atitude de arrependimento. Inclui reorientar nosso pensamento. Envolve reconhecer que temos sido ludibriadas por nosso pecado. E, às vezes, isso significará eliminar este relacionamento de nossa vida. A solução bíblica para a idolatria é sempre a destruição do ídolo, e não massageá-lo ou manipulá-lo.

O profeta Oséias nos mostra os passos no caminho para eliminarmos relacionamentos idólatras, e a bênção que recebemos depois de nos arrependermos:

Volta, ó Israel, para o SENHOR, teu Deus, porque, pelos teus pecados, estás caído.
Tende convosco palavras de arrependimento e convertei-vos ao SENHOR; dizei-lhe: Perdoa toda iniqüidade... não mais diremos à obra das nossas mãos: tu és o nosso Deus...

E por conseguinte, o que o Senhor fará:

Curarei a sua infidelidade, eu de mim mesmo os amarei, porque a minha ira se apartou deles...
Os que se assentam de novo à sua sombra voltarão; serão vivificados como o cereal e florescerão como a vide...

Ó Efraim, que tenho eu com os ídolos? Eu te ouvirei e cuidarei de ti; sou como o cipreste verde; de mim procede o teu fruto. (Oséias 14.1-8)

Nossas amizades devem ser escolhidas observando o que agrada a Deus, e não a nós mesmas ou a outrem. Agimos assim quando mantemos princípios bíblicos em mente – seja nosso tempo, nosso dinheiro ou nossa vida, o que oferecemos a alguém.

Sendo amiga

Já consideramos como a Bíblia nos orienta, na escolha de nossas amigas. Mas isto é apenas metade do caminho. Como podemos ser uma boa amiga? Podemos começar aqui:

Em todo tempo ama o amigo, e na angústia se faz o irmão. (Provérbios 17.17)

Aqui vemos que decidir não entrar num relacionamento ou continuar uma amizade não é o mesmo que recusar-se a amar. Algumas vezes, o amor requer desassociação, como acabamos de ver.

Em outra nota menos solene, Provérbios nos dá seu conselho de como ser uma boa amiga:

Não sejas freqüente na casa do teu próximo, para que não se enfade de ti e te aborreça. (Provérbios 25.17)

Em outras palavras, boas amigas não ultrapassam limites. Uma maneira prática de amar os outros é estar ciente de suas necessidades e do valor de sua ligação e de seu tempo. Nossas amigas evitam nos ligar, porque nunca somos breves numa ligação? Elas não nos convidam para dar uma passada em casa para um café rápido pela manhã, porque acabamos ficando até a hora do almoço?

A sabedoria de não sermos frequentes na casa de nosso próximo também pode ser aplicada ao lugar que desejamos ocupar em suas afeições. Em outras palavras, uma personalidade possessiva nos impedirá de ser uma boa amiga. Não devemos tratar nossas amizades como posses pessoais. Se ficarmos com ciúmes do tempo que uma amiga dedica a outras, ou angustiadas quando ela faz confidências a outra e não a nós, não estamos agindo com os melhores interesses em mente.

Ser uma boa amiga também significa saber quando devemos cuidar da nossa própria vida:

*Quem se mete em questão alheia é como aquele
que toma pelas orelhas um cão que passa. (Provérbios 26.17)*

Há sempre um risco, quando nos envolvemos nas dificuldades dos outros, apesar de que, por vezes, nós assumimos o risco, por ser a maneira amorosa de agir. Quando nos pedem para nos envolvermos mediando um argumento ou oferecendo conselho, nós o fazemos com consciência de que nosso envolvimento pode nos trazer consequências. Contudo, se nos metermos sem sermos chamadas, podemos ser acusadas de intromissão. Só porque acreditamos que nossa objetividade, como alguém que vê a questão de fora, irá oferecer uma visão que aquelas que estão diretamente envolvidas na dificuldade não conseguem ver, não significa que nossa opinião seja necessária. É necessário sabermos discernir – e termos humildade – para decidir quando falar e quando calar.

É sempre correto buscar a melhor forma de confrontar o pecado aberto e sem arrependimento. Ademais, é sempre mais sábio nos dispormos a ajudar do que nos metermos, para tentar afirmar alguma coisa.

Ao mesmo tempo, a mulher sábia não desvia o olhar quando suas amigas caem em pecado, nem encobrem pecado quando são questionadas sobre ele, como podemos rever um provérbio que já lemos anteriormente:

> Leais são as feridas feitas pelo que ama,
> porém os beijos de quem odeia são enganosos. (Provérbios 27.6)

Quando uma amiga nos pergunta se notamos os quinze quilos que ela ganhou recentemente, nós lhe dizemos a verdade. Usamos sua pergunta como uma oportunidade de aprofundar o assunto, talvez perguntando se há alguma luta implícita que a tenha levado a usar a comida como forma de lidar com o problema. Nossa sinceridade pode feri-la no começo, mas vai ajudá-la muito mais do que dizer: "Quais quinze quilos? Não sei do que você está falando!", quando está bem claro que sabemos. Ou quando notamos que uma determinada amiga está agindo com muita intimidade com um colega casado, mostrar isso a ela é uma atitude leal de amizade. Ignorar a questão por ser algo constrangedor, ou porque tememos que ela nos ache legalista, é mais parecido com "os beijos de quem odeia".

O Amigo definitivo

Muitas daquelas que chamamos "amigas" passam por nossas vidas durante pouco tempo. Aquilo que nos unia no começo – as áreas nas quais nossas vidas se cruzavam – muda com o tempo e, então, aquilo que nos mantinha juntas não mais existe. Ou uma de nós cresce espiritualmente, enquanto a outra não. Amigas vão nos decepcionar e nós as decepcionaremos. Já ouvi dizer que se envelhecermos com duas ou três amizades que tenham superado todas as mudanças em nossa vida, podemos nos considerar ricas de amigas. Jesus, contudo, é o amigo definitivo e o único que nunca nos decepcionará. E esta é uma amizade que toda mulher sábia cultiva. "Já não vos chamo servos, porque o servo não sabe o que faz o seu senhor; mas tenho-vos chamado amigos, porque tudo quanto ouvi de meu Pai vos tenho dado a conhecer" (João 15.15).

O MUNDO...
"Não fique em último lugar! É importante que você possa desfrutar das coisas que são somente para você. Você merece!"
- Jennifer LB Leese
"Satisfaça a si mesma! 20 Fantásticas Maneiras de Sentir-se Fantástica"
The Woman's Connection

A PALAVRA...
Comer muito mel não é bom; assim, procurar a própria honra não é honra.
(Provérbios 25.27)

CAPÍTULO 5

A MULHER SÁBIA CONHECE O SEGREDO DO AUTOCONTROLE

Quando você pensa em autocontrole, ou na necessidade dele, o que, provavelmente, vem à sua mente é comer. Vivemos numa sociedade onde há mais oportunidade de satisfazer o apetite do que em qualquer outra sociedade na história. E nós nos satisfazemos até o ponto de não sabermos mais como parar. Nossos mercados nos fornecem centenas de opções de comida, e alguns cardápios de restaurantes levam tanto tempo para serem lidos quanto a última edição de *Bon Appétit*[1]. O canal de gastronomia apresenta vários programas com receitas e concursos de culinária, e os chefs de hoje possuem status de celebridade.

Não me julgue mal – eu gosto muito de assistir esses programas. Mas não posso deixar de me assustar com o valor exacerbado que se dá à aparência ou ao sabor de algo. A arrumação da mesa não mais se resume em termos de velas e toalhas; hoje elas são classificadas por temas. É só você ouvir o que o grande Chef Gail Simmons disse, a respeito do molho de um dos competidores do concurso, no qual ele era juiz: "Este molho de peperoni ficou louco... estava forte! Realmente forte... Ele nos fez pensar, era focado e profundo, e, de alguma forma, isso se juntou. Ele me fez rir muito!"[2] Peperoni tornou-se bem mais do que apenas um recheio de pizza; hoje em dia ele é focado, profundo e engraçado.

Algum tempo atrás, o ator George Clooney deu uma entrevista na TV. Ele havia perdido bastante peso, em função de um papel que faria num filme, e o repórter perguntou: "George, qual é o segredo da sua dieta?" E ele respondeu: "Eu não como muito". Ficou muito visível que o repórter não sabia como responder a esta estratégia simples de perda de peso, e mudou de assunto, mas George, inconscientemente, falou esta verdade bíblica:

Achaste mel? Come apenas o que te basta, para que não te fartes dele e venhas a vomitá-lo. (Provérbios 25.16)

Este provérbio mostra a sabedoria de que necessitamos, nesta cultura saturada de comida.

Você já sentiu o exagero da gula – não apenas o físico, mas o "vômito" emocional que ocorre após comer em demasia?

Nós sempre sentimos nojo, pois estamos cheios de remorso e autorrecriminação. Apesar destes sentimentos negativos, nós costumamos menosprezar o aspecto pecaminoso da gula. Nós amenizamos este pecado e culpamos aos "exageros da noite passada" ou, em casos mais extremos, ao "descontrole alimentar" de alguém. Entretanto, independente de como chamemos este pecado, a Bíblia o chama de glutonaria:

Não estejas entre os bebedores de vinho nem entre os comilões de carne.
Porque o beberrão e o comilão caem em pobreza;
e a sonolência vestirá de trapos o homem. (Provérbios 23.20-21)

Somos glutões sempre que comemos mais do que precisamos, independente da motivação que tenhamos. Somos glutões sempre que usamos de maneira errada o dom do alimento que Deus nos dá, com o intuito de nos satisfazermos, como fuga de emoções desagradáveis ou para buscarmos controle sobre a vida. É por isso que aqueles que têm o distúrbio alimentar da anorexia também se encaixam na categoria de glutões. Todos que usam a comida de forma equivocada, como meio de lidar com estresse, aliviar o tédio ou fugir do sentimento de solidão, conhece a verdade deste provérbio:

A alma farta pisa o favo de mel, mas à alma faminta todo amargo é doce.
(Provérbios 27.7)

Hoje em dia, para muitas pessoas, comer é um prazer, mas, em muitos lugares do nosso planeta, a comida é uma necessidade básica de sobrevivência. Distúrbios alimentares e outras consequências da glutonaria não prevalecem em países subdesenvolvidos, mas a abundância de comida no Ocidente tem se tornado um caminho fácil para as consequências do nosso pecado. Nós nos achamos merecedores da fartura dos alimentos e usamos isso de maneira errada, em vez de nos alimentarmos com o propósito de glorificar a Deus com uma boa saúde e gratidão por Sua liberalidade. Provérbios nos oferece uma regra de ouro para nos alimentarmos de maneira bíblica:

Comer muito mel não é bom; assim, procurar a própria honra não é honra. (Provérbios 25.27)

Em outras palavras, é bom comer com moderação. Isso nos capacita não apenas a glorificarmos a Deus, como também a desfrutar do dom do alimento da maneira como Deus designou.

O QUE EXATAMENTE É AUTOCONTROLE?

Como você definiria o conceito de autocontrole? A primeira coisa que poderíamos dizer é que autocontrole é algo difícil. Sabemos disso por experiência própria. Podemos defini-lo da seguinte maneira: Autocontrole é ter e manter um limite em nós mesmos, o que também significa o controle das nossas emoções, de nossa fala e de todos os nossos apetites físicos. A mulher sábia reconhece que, dominar a arte do autocontrole é fruto da submissão ao controle de Deus, em cada área de sua vida. Ser autocontrolada, portanto, é, na verdade, ser controlada por Deus.

Autocontrole é também algo que todas nós precisamos, e Provérbios explica por quê:

Como cidade derribada, que não tem muros,
assim é o homem que não tem domínio próprio. (Provérbios 25.28)

As cidades antigas eram cercadas de muros intransponíveis. Estes muros serviam de linha de frente da defesa, contra os supostos atacantes. Lemos, no livro de Josué, que os israelitas não conseguiram adentrar a cidade de Jericó até que Deus, miraculosamente, derrubou suas muralhas (Josué 6.15-20). Entender este aspecto das cidades antigas nos possibilita compreender a metáfora no provérbio. Sem as muralhas do autocontrole, temos pouca defesa contra nossos inimigos, que consistem de tudo que enfraquece ou diminui nossa habilidade de obedecer a Deus, e glorificá-Lo em nossa vida.

Paulo nos ensina algo sobre autocontrole, em sua carta aos Gálatas. No capítulo cinco, ele faz um contraste entre ser guiado pelos desejos naturais e ser guiado pelo Espírito. Ele indica este contraste com duas listas. A primeira é a lista das "obras da carne", que vêm da nossa natureza caída, e a segunda lista de características são os "frutos do espírito", que se manifestarão em nós, à medida que somos controladas por Cristo. As obras da carne não são difíceis de serem destacadas, como ele mostra:

> Ora, as obras da carne são conhecidas e são: prostituição, impureza, lascívia, idolatria, feitiçarias, inimizades, porfias, ciúmes, iras, discórdias, dissensões, facções,
> invejas, bebedices, glutonarias e coisas semelhantes a estas,
> a respeito das quais eu vos declaro, como já, outrora, vos preveni,
> que não herdarão o reino de Deus os que tais coisas praticam.
> (Gálatas 5.19-21)

Em outras palavras, certos hábitos e comportamentos demonstram ser pecado pelo fruto negativo que produzem, sendo o resultado final a separação de Deus e de Seu Reino. Cada item nessa lista é um resultado do pecado. Cada um deles possui uma qualidade de controle e de vício que, se não controlada, por fim tomará e controlará a vida.

Em outra parte, Paulo nos mostra uma perspectiva espiritual neste "espiral decadente". Usando a perversão sexual como exemplo, ele nos dá uma idéia do que acontece no coração daqueles que estão escravizados àquilo que hoje chamamos "vício":

> Inculcando-se por sábios, tornaram-se loucos
> e mudaram a glória do Deus incorruptível em semelhança da imagem
> de homem corruptível, bem como de aves, quadrúpedes e répteis.
> Por isso, Deus entregou tais homens à imundícia, pelas concupiscências
> de seu próprio coração, para desonrarem o seu corpo entre si;
> pois eles mudaram a verdade de Deus em mentira, adorando e servindo a criatura

em lugar do Criador, o qual é bendito eternamente. Amém!
Por causa disso, os entregou Deus a paixões infames. (Romanos 1.22-26)

Provérbios coloca da seguinte maneira:

*Quanto ao perverso, as suas iniquidades o prenderão,
e com as cordas do seu pecado será detido.
Ele morrerá pela falta de disciplina, e, pela sua muita loucura, perdido, cambaleia. (Provérbios 5.22-23)*

Quando as pessoas buscam realização fora de Deus, a princípio elas imaginam estar no caminho da alegria e da liberdade, mas a realidade é justamente o oposto. Elas são insensatas, pois procuram satisfazer seus desejos naquilo que Deus criou, em lugar dAquele que tudo criou. Por fim, Deus as entrega às suas próprias paixões. Se você ler este capítulo inteiro de Romanos, verá que ser entregue aos desejos pecaminosos de nossa carne é o julgamento final de Deus, para o pecado não confessado.

Algum tempo atrás, encontrei um velho conhecido que não via há vinte anos. Após tomarmos um café, ele me disse que, desde a última vez que o vi, ele estava longe do Senhor e envolvido em pecado sexual deliberado. Ele disse que estava buscando ao Senhor novamente, mas continuava a lutar com o desejo por algumas das práticas pervertidas com as quais se envolvera. Enquanto me contava um pouco sobre isso, ele disse com um sorriso torto: "Eu fiz algumas coisas bastante ruins, e estou surpreso que Deus não me destruiu durante esse tempo". Ele não percebia que seu desejo pela perversidade era, em si, um vislumbre daquilo que, eventualmente, teria acontecido de modo completo, se ele não se arrependesse. Tal é a natureza do pecado e o modo de Deus lidar com ele, sejamos nós crentes ou não. James Boice escreveu:

Quando estamos deslizando ladeira abaixo, nos iludimos em pensar que vamos nos envolver superficialmente com o pecado, ou que, ao menos, existem atos que jamais praticaremos ou limites que nunca cruzaremos. Mas isso é pura fantasia. Quando começarmos a cair, não haverá pontos aos quais não chegaremos ou limites que nunca escolheremos ultrapassar – se tivermos vida longa... Quando vamos a Cristo, a pergunta não é "O quanto ou até que ponto posso chegar em minhas quedas?" Nós já fazemos isso. A pergunta é: "Quão alto eu posso chegar?" E para esta pergunta, a resposta também é: não há limites. Devemos nos tornar cada vez mais como o Senhor Jesus Cristo, até a eternidade.[3]

E é aqui que a segunda lista de Paulo se encaixa: "Mas o fruto do Espírito é: amor, alegria, paz, longanimidade, benignidade, bondade, fidelidade, mansidão, domínio próprio. Contra estas coisas não há lei" (Gálatas 5.22-23)

Neste ponto, descobrimos que o autocontrole de Provérbios 25.28 não é uma característica natural, algo que podemos fazer, desde que nos esforcemos bastante. Nosso entendimento a respeito disso é muito mais completo, como resultado daquilo que encontramos em Gálatas. Tanto no Antigo como no Novo Testamento, vemos, claramente, que autocontrole só é possível através do Senhor. Em Provérbios, nós vemos isto como o temor do Senhor, o viver nEle em confiança, dependência e submissão. No Novo Testamento, temos uma ilustração mais completa. O domínio próprio vem através da união com Cristo. Somente aqueles que vivem em comunhão com Deus podem adquirir e praticar o autocontrole. Qualquer um de nós pode modificar nosso próprio comportamento; entretanto, esta mudança não é o mesmo que domínio próprio, porque, do ponto de vista bíblico, apenas um desses dois – o domínio próprio – tem a ver com a pessoa em sua totalidade – corpo, mente e coração.

Quem não deseja isso? Todas nós desejamos ser caracterizadas pelo domínio próprio. Mas como? Como podemos viver assim, de modo consistente? Todas nós somos semelhantes a Paulo, que disse: "Porque nem mesmo compreendo o meu próprio modo de agir, pois não faço o que prefiro, e sim o que detesto" (Romanos 7.15). Nós preferiríamos estar no controle, do que ser controladas por algo ou alguém; ainda assim, cada uma de nós luta para alcançar isso, em uma ou mais áreas de nossa vida. Mas Deus nunca nos deixa desamparadas, quando desejamos ser-Lhe obedientes:

Digo, porém: andai no Espírito e jamais satisfareis à concupiscência da carne. Porque a carne milita contra o Espírito, e o Espírito, contra a carne, porque são opostos entre si;
para que não façais o que, porventura, seja do vosso querer. (Gálatas 5.16-17)

E ainda:

E os que são de Cristo Jesus crucificaram a carne,
com as suas paixões e concupiscências.
Se vivemos no Espírito, andemos também no Espírito. (Gálatas 5.24-25)

Paulo nos mostra que, quando se trata de ter domínio próprio, há um equilíbrio entre o que Deus realiza e o que nós fazemos. A nossa parte é andar no Espírito e crucificar a carne; em outras palavras, devemos privar nossa vida dos desejos carnais que ameaçam dominar-nos, e devemos andar no Espírito, o que significa apresentarmo-nos regularmente à Palavra de Deus e a outros crentes, de modo que, neste processo, sejamos transformadas à imagem de Cristo. Paulo estava constatando um fato, quando disse que, se andarmos no Espírito, não sucumbiremos constantemente às coisas que nos fazem mal. Se estamos em Cristo, podemos ser mulheres com domínio próprio.

Se temos experimentado constante falha em nossas tentativas de não comer demais, não gastar demais, ou qualquer que seja nossa luta, a boa notícia é: isso não precisa ser assim! Contudo, com muita frequência, ainda é. Muitas vezes, nós parecemos uma cidade derrotada, sem muralhas. O que derruba nossos muros? Consideremos cinco possibilidades:

Cinco Impedimentos ao Autocontrole
1) Desejos em Competição

Um motivo porque lutamos é que nosso desejo por controle está, constantemente, em guerra contra nosso desejo pela coisa que queremos controlar. Se você é uma mulher cujo peso está sempre aumentando e diminuindo, sabe do que estou falando. Todo inverno você engorda cinco quilos, e todo verão você perde quatro. Algum tempo depois, você resolve perder aqueles extras cumulativos, e consegue, mas, alguns meses depois, percebe que o ponteiro da balança volta a subir. Uma hora, você acaba ficando desanimada e simplesmente desiste, ou continua nesse efeito "sanfona" pelo resto de sua vida. Mas, não precisa ser assim!

Seja o problema o seu peso, ou outra coisa qualquer, o "vai e vem" de um comportamento é um sinal de que estamos em meio a uma guerra interior. Temos um relacionamento de amor e ódio com alguma coisa, desejo ou objeto. Não queremos ser governadas por esta coisa, mas, de alguma forma, também não queremos deixá-la. Não gostamos do efeito negativo que isso tem sobre nós – nosso corpo, nossos relacionamentos, nossa caminhada espiritual – mas, em algum nível, de alguma forma, estamos tirando vantagem deste envolvimento. Uma mulher estressada, que desconta na comida, detesta o resultado: ganha peso, e suas roupas ficam apertadas. Mas, ao mesmo tempo, ela não quer deixar o escape do stress que a comida lhe proporciona. Ela não consegue se controlar com a comida, porque seu desejo de perder peso compete com o desejo pelo alívio momentâneo do stress, que ela experimenta ao comer. Jesus disse: "Todo reino dividido contra si mesmo ficará deserto, e toda cidade ou casa dividida contra si mesma não subsistirá" (Mateus 12.25). Se estamos divididas entre dois desejos, não chegaremos a lugar nenhum.

2) Motivações equivocadas

Às vezes, o domínio próprio permanece uma ilusão, porque o buscamos pelos motivos errados. Se temos pedido a Deus que nos ajude a desenvolver o autocontrole, em uma determinada área, mas não parece que estamos progredindo, talvez, Deus esteja nos respondendo de um modo que ainda não consideramos. Ele pode estar nos conduzindo a examinar nosso coração. Por que estamos orando por domínio próprio? Se for realmente porque estamos cansadas das consequências do descontrole, ou porque queremos nos sentir melhores conosco mesmas, estamos deixando Deus de fora da situação. Deus não está interessado em nos ajudar com nossos projetos de autoajuda; Ele está interessado em nossa santificação. Tiago disse: "Cobiçais e nada tendes; matais, e invejais, e nada podeis obter; viveis a lutar e a fazer guerras. Nada tendes, porque não pedis; pedis e não recebeis, porque pedis mal, para esbanjardes em vossos prazeres" (Tiago 4.2-3).

Autoajuda, não necessariamente, nos aproxima de Deus ou glorifica a Cristo. Ela geralmente tem mais a ver com glória pessoal. Santidade, por outro lado, nos capacita e um relacionamento mais próximo com Deus e O glorifica, e uma consequência da santificação pessoal é aquilo mesmo que estamos procurando, primeiramente – bem estar geral e libertação dos efeitos destrutivos do pecado. Encontraremos autocontrole, muito mais facilmente, se o desejarmos porque queremos remover obstáculos no caminho de nosso relacionamento com Deus.

Além disso, atitudes de autoajuda que não são motivadas por amor a Deus, provavelmente, não serão bem sucedidas a longo prazo. Em sua parábola sobre o espírito imundo, Jesus mostrou um lado assustador do que acontece com aqueles que tentam ganhar sua própria justificação, mas isso também pode ser aplicado àqueles que tentam controlar sua vida, de outra maneira que não seja um relacionamento vital com Deus. Quando um espírito imundo volta ao seu antigo lugar de habitação, encontra a casa limpa e em ordem. "Então, vai e leva consigo outros sete espíritos, piores do que ele, e, entrando, habitam ali; e o último estado daquele homem torna-se pior do que o primeiro. Assim também acontecerá a esta geração perversa" (Mateus 12.43-45).

3) Subestimar o Poder Destrutivo da Autossatisfação

Algo que é bom no começo, nos destruirá no final, se não exercermos autocontrole. Entretanto, muitas vezes, não olhamos à longa distância. Nós abusamos, porque desejamos satisfação imediata. Há muitas coisas que proporcionam solução imediata – um escape do stress, tédio ou solidão – mas usar os bondosos dons criados por Deus, como alívio para as dificuldades da vida, não funciona por muito tempo. Quando menos esperamos, percebemos que fomos enganadas. Aquilo que começou como uma diversão prazerosa, se torna algo que não sabemos viver sem. "aquele que é vencido fica escravo do vencedor", escreveu o Apóstolo Pedro (2 Pedro 2.19), e Provérbios nos alerta:

> *Há caminho que ao homem parece direito, mas ao cabo dá em caminhos de morte.* (Provérbios 14.12)

Alcólatras e viciados em drogas nunca pretenderam se tornar escravos dessas coisas. De fato, é mais certo dizer que eles presumiam que nunca o fariam. Discutir essas coisas num livro para mulheres não é algo sem nexo, pois mesmo os crentes são passivos de cair nessas armadilhas. Pense o quanto a Bíblia – escrita para o povo de Deus – tem a dizer sobre os perigos do abuso de álcool. Não, crentes não estão isentos deste perigo. Recentemente, ouvi alguém fazer uma piada: "A diferença entre os Presbiterianos e os Batistas não é beber ou não; é que os Presbiterianos bebem abertamente e os Batistas bebem escondido". Fiquei entristecida pelo cinismo dela, principalmente, porque ela era relativamente nova na fé, e isso é o que ela tem observado em sua curta convivência na igreja de Jesus Cristo.

Há sempre um componente demoníaco no abuso de entorpecentes. Álcool e drogas adormecem a consciência, anulam a inerente restrição ao pecado que nossa consciência nos dá. É por isso que as pessoas fazem todo tipo de coisas terríveis, sob os efeitos do álcool e das drogas, coisas que, de outra sorte, suas consciências não permitiriam. Muitos que caem em pecado sexual quando estão embriagados, bem como em divergências de relacionamento, gastos imprudentes e palavras proferidas precipitadamente. Além disso, o abuso de álcool e drogas leva à destruição pessoal e de relacionamentos – o objetivo do diabo para todo mundo. Todo pecado destrói, mas há algo em abuso de entorpecentes que mostra isso com mais clareza. Provérbios mostra como o álcool destrói:

Para quem são os ais? Para quem, os pesares? Para quem, as rixas?
Para quem, as queixas? Para quem, as feridas sem causa?
E para quem, os olhos vermelhos?

Para os que se demoram em beber vinho,
para os que andam buscando bebida misturada.
Não olhes para o vinho, quando se mostra vermelho,
quando resplandece no copo e se escoa suavemente.
Pois ao cabo morderá como a cobra e picará como o basilisco.
Os teus olhos verão coisas esquisitas, e o teu coração falará perversidades.
Serás como o que se deita no meio do mar e como o que se deita no alto do mastro
e dirás: Espancaram-me, e não me doeu; bateram-me, e não o senti; quando despertarei? Então, tornarei a beber. (Provérbios 23.29-35)

Queremos pensar que os crentes são menos suscetíveis a escravizarem-se ao álcool e às drogas, mas, se isso fosse verdade, Paulo não teria encontrado necessidade de instruir: "Quanto às mulheres idosas... que sejam sérias em seu proceder... não escravizadas a muito vinho" (Tito 2.3). Aqui, ele fala especificamente às mulheres crentes. Também não devemos nos iludir, achando que a indulgência excessiva é apenas ter muito de uma só vez. Ela também siginifica beber com muita frequência. Você gosta sempre de beber vinho no jantar, ou não faz questão? A indiferença é fundamental. Somos livres para desfrutar de algo, apenas quando somos indiferentes para com aquilo.

John Piper não bebe, mas ele esclarece que a Bíblia não proíbe o consumo de álcool. Ele dá quatro razões básicas porque ele escolhe não beber: (1) sua consciência não permitiria, e ele sabe que, apesar de beber não ser pecado, violar a consciência de alguém é (Romanos 14.22-23); (2) o álcool é uma droga que altera a consciência; (3) álcool vicia; e (4) ele deseja fazer uma manifestação social. Sobre este último item, ele escreve:

Eu escolho me opor à carnalidade do abuso de álcool, boicotando o produto. Se as pessoas podem fazer greve de fome para fazer uma manifestação política, e boicotar os produtos da Nestlè para fazer uma manifestação sobre nutrição infantil e exploração do terceiro mundo; se as pessoas podem ficar sem comer alface por solidariedade aos fazendeiros do sudeste da Califórnia, e difamar pão branco e açucar refinado, será que é realmente tão pudico ou tacanho renunciar a um assassino das estradas, um destruidor de lares e um arruinador do emprego?[4]

Nós sabemos que, o alcolismo em nossa sociedade é algo de fato violento, independente de lidarmos com ele da mesma forma que John Piper faz – com abstinência total. Se apreciarmos nossa liberdade bíblica de saborear uma bebida, somos livres apenas até o ponto de sermos indiferentes para com ela. Portanto, se percebermos que não somos capazes de negar a nós mesmos um prazer – e recusar encarar o fato e lidar com isso, em algum momento, vamos experimentar esta verdade:

> Quem ama os prazeres empobrecerá, quem ama o vinho e o azeite jamais enriquecerá. (Provérbios 21.17)

4) Falha em nos conhecermos

Você é conhecedor das coisas que te fazem tropeçar, aquelas tentações que sempre te lançam na cova do pecado? Às vezes, nós não sabemos porque não queremos saber. Mas esta recusa é o golpe mortal, no que diz respeito ao autocontrole. Isso também é orgulho. Mulheres que aumentam o seu domínio próprio são as que, humildemente, reconhecem suas fraquezas particulares. Somente os humildes podem reconhecer e admitir suas fraquezas, e é esta a mesma humildade que encontra graça para arrepender-se da autossuficiência e apoiar-se em Cristo, para praticar o domínio próprio. Paulo disse: "Aquele, pois, que pensa estar em pé, veja que não caia" (1Coríntios 10.12).

Contudo, em lugar de reconhecer o pecado e a tentação, nós, muitas vezes, apontamos para nossa "personalidade viciante". Mas este é um argumento fraco. Todas nós temos uma personalidade viciante, de um jeito ou de outro, porque somos todos pecadores, em quem os "desejos da carne" clamam por serem supridos. Saber onde somos fracos é crucial na batalha pela santificação, pois, somente assim, desenvolveremos uma estratégia efetiva contra elas. Este autoconhecimento é também um componente vital da sabedoria.

A mulher sábia aprende a reconhecer suas fraquezas pessoais. O tédio te compele a comer? O stress te conduz a beber ou a usar analgésicos? A solidão te afunda em horas perdidas na frente da TV? A mágoa te faz ir ao shopping? O que quer que seja, denomine o que está tomando o lugar de Deus e comprometa-se a deixar este pecado.

5) Pensamos que o domínio próprio deve ser fácil

Outra razão pela qual o autocontrole permanece indefinido é por pensarmos que deve ser fácil, porque somos crentes. Um lema dos Alcólicos Anônimos é: "Let go and let God", mas este lema é teologicamente impreciso. "Espere um momento", alguém diz. "Não devemos depender de Deus para tudo?" Sim, certamente. E uma das coisas das quais dependemos dEle é para o exercício pessoal do autocontrole. Com muita frequência, estamos procurando facilidade, e não força. A força que Deus dá é a capacidade de superar, mas esta capacitação requer trabalho vigoroso, da mesma forma. Paulo disse: "para isso é que eu também me afadigo, esforçando-me o mais possível, segundo a sua eficácia que opera eficientemente em mim" (Colossenses 1.29). Ele também disse: "Desenvolvei a vossa salvação com temor e tremor; porque Deus é quem efetua em vós tanto o querer como o realizar, segundo a sua boa vontade" (Filipenses 2.12-13). E nós vimos em Gálatas que devemos crucificar a carne, o que não é, exatamente, a ilustração de uma morte rápida e sem dor. Também vimos, em Gálatas, como devemos fazer isso: "Andai no Espírito e jamais satisfareis à concupiscência da carne" (5.16). Este é o lema teologicamente correto. A versão do AA exclui a Cristo, e é apenas nEle que recebemos o Espírito para nossa caminhada.

CRISTO É A SOLUÇÃO

Os frutos do Espírito, que produzimos através de nossa comunhão com Cristo, inclui o domínio próprio. Portanto, se estamos em Cristo, temos tudo que precisamos, para sermos mulheres que possuem autocontrole. A respeito dos frutos do Espírito, sendo que o domínio próprio é uma das características (Gálatas 5.23), Don Matzat escreve:

> Nosso foco "religioso" não é buscarmos dons espirituais ou bênçãos, mas a pessoa de Jesus Cristo. Se desejamos o perdão de nossos pecados e uma justiça que seja aceita por Deus, Ele nos dá Jesus. Se buscamos paz, alegria e amor, Deus nos dá Jesus. Se desejamos consolação em meio ao sofrimento, esperança quando as coisas não têm mais jeito, segurança quando invadidos pela dúvida, e contentamento através das mudanças da vida, Deus nos dá Jesus. Todos os dons espirituais são simples manifestações da nova vida de Cristo habitando em nós, manifestada espontaneamente, enquanto caminhamos no Espírito, à medida que conduzimos nossa consciência a Cristo.[5]

Por conseguinte, há quatro fatores que dão autocontrole à mulher sábia. Primeiro, elas vivem para alguém maior do que elas mesmas – Cristo – e, consequentemente, desejam ser semelhantes a Ele. Aqueles que vivem para Cristo descobrem que Ele é quem faz a vida valer a pena.

Em segundo, a mulher sábia depende de Cristo para que se assemelhe a Ele. Ela põe em prática as palavras de Jesus: "permanecei em mim, e eu permanecerei em vós. Como não pode o ramo produzir fruto de si mesmo, se não permanecer na videira, assim, nem vós o podeis dar, se não permanecerdes em mim" (João 5.14). Em terceiro lugar, a mulher sábia se esforça, com perseverança, para exterminar o pecado. E em quarto, ela ora por um espírito de moderação, como vemos exemplificado em Provérbios:

> *Afasta de mim a falsidade e a mentira; não me dês nem a pobreza nem a riqueza;*
> *dá-me o pão que me for necessário; para não suceder que, estando eu farto,*
> *te negue e diga: Quem é o SENHOR? Ou que, empobrecido, venha a furtar*
> *e profane o nome de Deus. (Porvérbios 30.8-9)*

Deus, em Cristo, deseja que seus muros sejam fortes contra nosso tríade de inimigos: o mundo, a carne e o diabo. Sim, você pode ser assim!

O MUNDO...
"Pode parecer brega, mas ter uma perspectiva do tipo 'o que tiver de ser, será', tem me ajudado a enfrentar muitas coisas – e no final, eu sempre fico mais animada."
- Maridel Reyes, Revista Glamour.

A PALAVRA...
Não é bom proceder sem refletir, e peca quem é precipitado. (Provérbios 19.2)

CAPÍTULO 6

A MULHER SÁBIA SABE COMO PENSAR, SENTIR E DESEJAR

Há três coisas, a nosso respeito, que formam, significativamente, o curso de nossa vida: o que pensamos, o que sentimos e o que desejamos. A maneira como lidamos com nossos pensamentos, sentimentos e desejos determina, não apenas o nosso caminho, mas também nos mostra se ele é agradável e realizador, ou cheio de descontentamento.

Deus nos fez criaturas com pensamento e sentimento, portanto essas duas características nos fazem ser feitos à imagem de Deus. É por isso, que tanto pensamentos como sentimentos são componentes vitais da verdadeira fé. Uma compreensão apenas intelectual de Deus e do Evangelho é um impecilho para as alegrias que Deus deseja que tenhamos nEle. Por outro lado, se nossa fé é constituída, primariamente, por quem sentimos que Deus é, ao invés de cuidadosamente estudarmos as Escrituras, vamos acabar com uma ideia incorreta de Seu caráter. Portanto, a Bíblia esclarece que os sentimentos foram feitos para submeterem-se aos pensamentos, em vez do oposto.

A mulher, mais do que o homem, acredito, é inclinada a ser dirigida por sentimentos, talvez porque nossas emoções tendem a estar mais à flor da pele. É muito mais raro vermos um homem numa crise de choro de frustração, no meio de um dia ruim. Por sermos caracterizadas como seres emocionais, a mulher sábia nutre e cultiva seus pensamentos, tão cuidadosamente, quanto um jardineiro cuida de suas roseiras, de modo que seus sentimentos sejam controlados e para que seus desejos sejam formados em torno de princípios bíblicos.

Pensamento

Provérbios faz uma conexão entre o viver correto e um pensamento cauteloso:

O homem perverso mostra dureza no rosto, mas o reto considera o seu caminho. (Provérbios 21.29)

E também mostra claramente que a insensatez, que tanto nos prejudica, é vencida quando usamos nossa mente:

O simples dá crédito a toda palavra, mas o prudente atenta para os seus passos. (Porvérbios 14.15)

Contudo, mais adiante no livro, há outro provérbio a respeito de nosso pensamento que parece contradizer tudo que já vimos até então:

O que confia no seu próprio coração é insensato, mas o que anda em sabedoria será salvo. (Provérbios 28.26)

Salomão está afirmando aqui que pensar muito é insensatez? Não. Sua alegação tem a ver com humildade. Pensar é uma atitude sábia, e fazer nossas escolhas com cuidadosa reflexão é algo piedoso, mas confiar em nosso pensamento, como autoridade final, é tolice. Em outras palavras, se por um lado devemos usar nossa mente em tudo que fazemos e planejamos, devemos submeter todos os nossos pensamentos, planos e ações ao senhorio de Cristo, que é o caminho para "andar em sabedoria". Contudo, submeter nossos pensamentos a Cristo é algo difícil, pois mesmo como crentes somos muito inclinados à autoconfiança. Todas nós, naturalmente, desejamos estar no controle de nossa própria vida, e por sermos assim, deixamos de entender o que Salomão quer dizer aqui. Podemos confiar em nossa própria inteligência ou caminhar em sabedoria. Estas duas opções são exclusivas.

Uma mente bem estruturada também pode gerar popularidade e sucesso:

Segundo o seu entendimento, será louvado o homem,
mas o perverso de coração será desprezado. (Provérbios 12.8)

O irônico é que, ao experimentarmos o fruto da reflexão cuidadosa (que faz a vida funcionar melhor!), podemos ser tentados, conscientemente ou não, a confiar menos em Deus e mais em nós mesmas. Nós evitamos esse perigo, ao compreendermos que nossa mente foi feita para submeter-se a Deus, em vez de estar a serviço de nossa felicidade pessoal, como Paulo escreveu: "Rogo-vos, pois, irmãos, pelas misericórdias de Deus, que apresenteis o vosso corpo por sacrifício vivo, santo e agradável a Deus, que é o vosso culto racional. E não vos conformeis com este século, mas transformai-vos pela renovação da vossa mente, para que experimenteis qual seja a boa, agradável e perfeita vontade de Deus" (Romanos 12.1-2).

A mulher sábia se empenha, exclusivamente, em ter como objetivo principal de sua vida alegrar e gloricar a Deus. A mulher insensata, por outro lado, é inconstante e está contente em viver assim. Para uma mulher como esta, Tiago usa palavras severas: "Chegai-vos a Deus, e ele se chegará a vós outros. Purificai as mãos, pecadores; e vós que sois de ânimo dobre, limpai o coração" (Tiago 4.8). A palavras usadas por Tiago para ânimo dobre significam "duas almas"; em outras palavras, ter ânimo dobre é estar dividida entre dois caminhos. Uma mulher de ânimo dobre vive constantemente dividida, em seus pensamentos, afetos e desejos entre fidelidades concorrentes, diferentemente da mulher constante, que corre para um só objetivo, uma única ambição e um só desejo.

A mulher sábia pode, ainda, não ter alcançado esta constância de pensamento, mas ela quer e busca isso, e pratica os conselhos de Tiago, procurando ativamente limpar suas mãos (seus atos) e purificar seu coração (aquilo que ela sente, quer e deseja). Há coisas em cada uma de nós que corrompem a pureza de nosso coração. Para você, o que é? Bem, uma forma de saber é considerar o que governa seus pensamentos, quando você está acordada no meio da noite, ou o que você faz quando deseja uma solução imediata de alívio mental para o stress, ou o que geralmente te deixa obcecada.

Pensamos em obsessão como uma fixação, um resultado ou objeto desejado, mas há algo espiritualmente obscuro na obcessão. Pode ser uma brecha para o diabo. Pensamentos obcessivos são aqueles que nos prendem; podemos ficar presas a eles e não conseguirmos nos livrar deles, mesmo que queiramos. Apesar de frequentemente não conseguirmos reconhecer a raiz do problema, podemos estar certos de que o pensamento obcessivo é um desejo descontrolado de dominar algo ou alguém, que surge de dúvidas a respeito da soberania de Deus sobre a situação, ou mesmo dúvidas sobre o próprio Deus. Ao escrever sobre obcessão, em seu estado mais grave, que é chamado "Transtorno Compulsivo Obcessivo", Michel Emlet diz:

> Obcessões são "ideias, pensamentos, impulsos ou imagens persistentes que são experimentados como algo intruso ou inapropriado, que causa muita ansiedade ou angústia". Explicando melhor, obcessões são "ideias fixas" – pensamentos dos quais os indivíduos não conseguem se livrar... Pessoas que sofrem de TOC querem viver num mundo em preto e branco. Conhecimento exaustivo, controle absoluto e certeza de nunca dar espaço para a ambiguidade. Tenho certeza ou não; tenho o controle ou não tenho; estou certo ou não estou. Contudo, devemos admitir que vivemos num mundo "cinza"; Deus nos revela conhecimento suficiente para vivermos com sensatez diante dEle, mas não nos dá completo acesso à sua mente (confira Jó 38.41). Deus nos dá habilidade para escolher livremente e agir, mas não somos capazes de saber e dirigir todos os detalhes de nosso mundo. Deus nos dá orientação em Seu Palavra, mas muitas questões não são tão claras. Isso mostra a importância da sabedoria bíblica. É simples viver num mundo em preto e branco, porque isso não requer confiança! Sabedoria e confiança caminham lado a lado.[1]

A mulher sábia guarda sua mente de pensamentos obcessivos, ao confiar em Deus e em Seu controle soberano, em todo o tempo e sobre todas as circunstâncias.

Pensando inteligentemente sobre o pensar
Na década de 70, o United Negro College Fund adotou

uma citação de Malcolm X como seu lema: "A mente é algo terrível para se desperdiçar". Em geral, durante a maior parte de cada dia, nossa mente está ocupada por tarefas que constituem nosso chamado dado por Deus. Entretanto, nas poucas horas vagas que temos, o que escolhemos ler, assistir e ouvir? É muito fácil presumir que algo aparentemente bom – uma música gospel, um filme apropriado – seja agradável a Deus, mas confiar em "rótulos" atribuídos pela cultura em geral, ou mesmo por outros cristãos, como garantia de que estamos agradando a Deus, é fugir à responsabilidade, pois tal atitude não exige reflexão alguma de nossa parte. E o fato é que grande parte do que gera entretenimento saudável, hoje em dia, é apenas banal ou fútil.

Deus, através do Apóstolo Paulo, nos providenciou um sistema de classificação que supera, em muito, o sistema de avaliação secular: "tudo o que é verdadeiro, tudo o que é respeitável, tudo o que é justo, tudo o que é puro, tudo o que é amável, tudo o que é de boa fama, se alguma virtude há e se algum louvor existe, seja isso o que ocupe o vosso pensamento" (Filipenses 4.8).

Esta passagem nos mostra que Deus é glorificado por excelência. Portanto, nós conseguimos guardar mais daquilo que Paulo ensinou, se enchermos nossos ouvidos com uma composição musical secular de excelência, do que com um louvor contemporâneo com letra superficial. O mesmo se dá com literatura e filmes. James Boice escreveu:

> De acordo com esta passagem, o crente deve escolher, em circunstâncias duvidosas, o melhor. Isso não exclui as melhores coisas em nossa sociedade, sejam elas explicitamente cristãs ou não. Pois o significado do versículo está no ato (nem sempre percebido pelos professores da

Bíblia) de que as qualidades mencionadas aqui são pagãs... Elas são todas tiradas das éticas gregas e dos escritos de filósofos gregos. Ao usá-las, Paulo está de fato, santificando, por assim dizer, as virtudes da moralidade pagã... As coisas que são reconhecidamente honráveis pelas melhores pessoas de todos os lugares são, também, dignas de serem cultivadas por crentes. Consequentemente, os crentes podem amar tudo que é verdadeiro, respeitável, justo, puro, amável e de boa fama, onde quer que encontre tais virtudes.[2]

Sendo assim, a ordenança de Paulo realmente amplia, ao invés de estreitar o alcance daquilo que nós, mulheres cristãs, somos livres para admirar, quando buscamos agradar a Deus. No entanto, tal atitude requer reflexão; é necessário que empenhemos o pensamento, a fim de determinar se um determinado livro, filme ou programa televisivo se adequam ao critério estabelecido pelo Apóstolo Paulo. A mulher sábia exercita o discernimento, ao decidir o que ocupará seus pensamentos. E este aspecto da sabedoria não é tão complicado, "Porque Deus não nos tem dado espírito de covardia, mas de poder, de amor e de moderação" (2 Timóteo 1.7).

As bênçãos de pensar biblicamente

A mulher que pratica o pensamento sábio desfruta de bênçãos especiais. A mulher, cuja mente está em Deus, goza de uma paz serena: "Tu, SENHOR, conservarás em perfeita paz aquele cujo propósito é firme; porque ele confia em ti" (Isaías 26.3). Além da paz, há também a promessa de um verdadeiro viver: "Porque o pendor da carne dá para a morte, mas o do Espírito, para a vida e paz" (Romanos 8.6).

Há também a promessa, encontrada num dos versículos que consideramos anteriormente, de que, ao apresentarmos nossas mentes a serem transformadas pela Palavra de Deus, descobriremos que a vontade de Deus para nós é maravilhosa: "Transformai-vos pela renovação da vossa mente, para que experimenteis qual seja a boa, agradável e perfeita vontade de Deus" (Romanos 12.2). Novamente James Boice nos ajuda a entender:

> Quando Paulo nos encoraja a experimentar a agradável vontade de Deus, ele, obviamente, quer dizer que ela é agradável para nós. Ou seja, se decidirmos andar nos caminhos de Deus, não nos conformando com o mundo e sendo transformados pela renovação da nossa mente, não teremos medo de olharmos para trás, no fim de nossa vida, e ficarmos insatisfeitos ou amargurados, julgando que nossa vida tenha sido uma perda total. Ao contrário, olharemos para trás e concluiremos que vivemos bem a nossa vida e ficaremos satisfeitos com ela.[3]

Sentimentos

Considere a montanha russa das emoções que podemos experimentar, no curso de uma única semana (ou, para alguns de nós, um único dia): ira, amor, frustração, alegria, mágoa, chateação, irritação, medo, ansiedade, paz, satisfação, exultação, desânimo, felicidade, realização, antecipação. E a lista pode continuar. Conheci algumas mulheres equilibradas ao longo dos anos, e eu costumava considerar isso como um temperamento nato. Entretanto, com o passar do tempo, comecei a ver que este equilíbrio tem mais a ver com maturidade do que com uma qualidade inerente.

Somos rápidos em culpar nossas circunstâncias ou nossos hormônios pela nossa mudança de humor, e não há dúvida de que os desgastes da vida têm um impacto sobre como nos sentimos. Não obstante, nós não devemos ser – nem permitir que sejamos – vitimizadas por nossos sentimentos. As oscilações descontroladas de nossos hormônios em dados momentos, podem desafiar nosso nível de tolerância aos outros ou prejudicar nossas perspectivas, mas em nenhuma parte a Bíblia nos dá o direito de usar nossos hormônios como desculpa para fugirmos à nossa responsabilidade de sermos bondosas, pacientes, contentes, alegres e amorosas. Em lugar de sermos vitimizadas pelo que provoca emoções negativas, podemos considerar as provocações da maneira como Paulo considerou seu espinho na carne. Se Deus não tirar o espinho, como resposta aos nossos clamores, teremos uma oportunidade de experimentar a suficiência de Cristo, em meio a esta batalha.

É claro que nenhuma de nós vai governar totalmente nossas emoções. Por um lado, Deus não nos criou para sermos robôs. Ele nos designou para sentirmos bem e mal. Além disso, são frequentemente os momentos negativos ou nossas lutas que produzem os frutos mais espirituais. Portanto, a mulher sábia não desmerece seus sentimentos; antes, ela tira proveito deles. Elisabeth Elliot aconselha:

> Não tente se fortalecer contra as emoções. Reconheça-as e nomeie-as, se isso ajudar; e, então, apresente-as a Deus, para que Ele prepare as suas reações. A disciplina das emoções é o treinamento das reações.[4]

Este "treinamento das reações" é como a sabedoria é vivida, e como nos tornamos mulheres caracterizadas como sábias. Consideremos como lidar com nossas emoções de maneira sábia, olhando para duas emoções em particular: ira e mágoa. E, ao fazer isso, teremos uma ideia de como a sabedoria de Provérbios pode ser aproveitada em todo o espectro de nossas emoções.

Ira

Um pouco de ira é bom. Afinal, Jesus se irou com aqueles que abusavam das práticas religiosas no templo, para obter lucro (Mateus 21.12-13). Mas nós não somos Jesus. Certa vez, ouvi um sábio pastor dizer que, neste lado da glória, nós nunca experimentaremos uma ira totalmente correta. Nós, simplesmente, não somos capazes disso, já que tudo em nós é manchado pelo pecado. Mas isso não significa que toda a ira que sentimos é errada, e que nunca devemos sentir raiva. Afinal, Paulo escreveu: "Irai-vos e não pequeis; não se ponha o sol sobre a vossa ira" (Efésios 4.26), e Brian Chapell escreveu:

> Há motivos justos para a ira correta. Injustiça, crueldade e insensibilidade aos outros provocam a ira de Deus, e causam ira em nós, que somos feitos à sua imagem... Os crentes, às vezes, debilitam sua própria saúde emocional e seu progresso nos relacionamentos, por absterem-se de expressar a causa de tensões, sob o falso argumento de que toda raiva é uma atitude errada. Podemos experimentar ira de modo apropriado, direto e bíblico (Marcos 3.5; Mateus 18.34). O Apóstolo não proíbe a ira, mas a expressão pecaminosa dela.[5]

Uma mulher que busca crescer em sabedoria é constantemente capaz de viver esta instrução de Paulo, e Provérbios nos mostra um meio de realizar isso. Aprendemos, em Provérbios, que a ira dirigida pela sabedoria inclui a autocoibição:

> *O longânimo é grande em entendimento, mas o de ânimo precipitado exalta a loucura. (Provérbios 14.29)*

> *Melhor é o longânimo do que o herói de guerra, e o que domina o seu espírito, do que o que toma uma cidade. (Provérbios 16.32)*

De fato, quando se trata de controlar a ira, ser longânimo é algo abordado repetidamente em Provérbios (10.11, 14.29, 15.18, 16.32), muito mais do que qualquer outra abordagem deste forte sentimento.

Mais adiante, Salomão escreveu: "Não te apresses em irar-te, porque a ira se abriga no íntimo dos insensatos" (Eclesiastes 7.9). Aqui ele não somente reforça aquilo que escreveu em Provérbios, mas acrescenta que a ira exaspera. Este é o tipo de raiva que permanece no coração. Não conseguimos parar de pensar nela; viramos de um lado para outro na cama à noite, remoendo a causa de nossa ira, em nossa mente. Não conseguimos parar de falar nisso, ventilamos nossa raiva, ou postamos com letras maiúsculas em nosso blog. Quando a ira chega com facilidade e habita nosso coração, isto é um sinal da presença de insensatez (pecado). Significa ficar irada e pecar em lugar de ficar irada sem pecar.

Controlar nossos sentimentos de raiva pode ser muito difícil, principalmente quando nossa raiva parece ser justa. Como podemos controlá-la? Provérbios nos mostra alguns passos concretos, mas, ainda mais importante, nos revela um princípio fundamental: nós não nos tornamos sábias aplicando técnicas de controle da ira – mesmo aquelas abordadas em Provérbios. Controlar nossa ira não é algo que fazemos; é algo que nos tornamos. É, de fato, um fruto da sabedoria.

A discrição do homem o torna longânimo, e sua glória é perdoar as injúrias. (Provérbios 19.11)

Também vemos aqui que ignorar um erro – dar um passe livre e simplesmente deixar passar – é recomendável, como quando seu esposo, ou uma amiga, ou um colega de trabalho, é insensível ao dizer alguma coisa, ou julga seus motivos, ou dá crédito a outra pessoa por algo que você tenha feito. Não é verdade que a maioria da nossa ira vem de nos sentirmos menosprezadas, desrespeitadas ou não recebermos aquilo que nos é devido? Quantas vezes nosso ânimo se inflama, porque Jesus foi menosprezado, desrespeitado ou não recebeu aquilo que Lhe é devido? Provavelmente, há desproporções em nossos corações.

Certamente, há momentos que ignorar uma ofensa é fugir à nossa responsabilidade. A confrontação é algo desagradável, e, geralmente, tememos o que resultará dela. Contudo, quando o nome de Deus é desonrado, ou quando um crente persiste em pecado e não se arrepende, ou quando alguém demonstra, repetidamente, desconsideração pelo bem estar dos outros, ignorar a ofensa pode ser mais insensatez do que sabedoria, para todos os envolvidos.

Mágoa

Outra emoção que achamos muito difícil de controlar é a mágoa. Quando estamos em meio a uma situação de sofrimento, há momentos em que esmagadores sentimentos de mágoa podem surgir, aparentemente do nada, e nos dominar. Certamente, não há nada de imprudente na mágoa - ela é apenas parte do ser humano, como Provérbios diz:

O coração alegre aformoseia o rosto, mas com a tristeza do coração o espírito se abate. (Provérbios 15.13)

Justamente porque a mágoa oprime nosso espírito, nós e os que nos rodeiam somos beneficiados, quando aprendemos a lidar com a mágoa de modo bíblico. Primeiro, precisamos notar que Provérbios não faz aconselhamento individual sobre mágoa. Sua abordagem é mais a respeito de cultivar em nós a consideração para com os sentimentos dos outros. Portanto, podemos afirmar que, de acordo com Provérbios, a mulher sábia é sensível a respeito da dor dos outros.

Em termos de lidar com nossa mágoa, podemos aprender um pouco com o Rei Davi. Chegou um tempo, no reinado de Davi, em que seu filho Absalão se voltou contra ele e quis matá-lo, a fim de tomar posse do trono. Ele reuniu um grupo de renegados e realizou ataques terroristas contra seu pai, o rei, e o exército real. Você pode imaginar como Davi se sentiu? Seu próprio filho o queria morto. Pais ricos, provavelmente, experimentam um pouco do que Davi sentiu; à medida em que envelhecem, os filhos pouco se importam com o bem estar deles, mas muito com aquilo que é de seu próprio interesse.

Durante um período, a vida de Davi estava em risco, mas a longo prazo, a gangue de Absalão não foi páreo para o rei, que enviou o exército para conter a revolta liderada por seu filho. Quando a tropa se preparava para entrar na batalha, Davi fez o seguinte pedido: "Tratai com brandura o jovem Absalão, por amor de mim" (2 Samuel 18.5). Aqui vemos o coração de um pai: não importava que seu filho desejasse matá-lo, Davi queria poupar a vida de seu filho. Mas, não foi assim que aconteceu. O exército não sentiu remorso em assassinar Absalão; eles tinham que pensar no bem estar de todo o reino, e não somente nos sentimentos do rei. Absalão foi morto na batalha, e quando chegou a Davi a notícia de que seu filho estava morto, ele chorou, dizendo: "Meu filho Absalão, meu filho, meu filho Absalão! Quem me dera que eu morrera por ti, Absalão, meu filho, meu filho!" (2 Samuel 18.33).

Apesar da traição de Absalão, Davi ficou magoado quando recebeu a notícia da morte de seu filho. Se você é mãe, certamente se identifica com a reação de Davi. Todos nós nos identificamos com esta questão, pois a morte de um ente querido, mesmo quando (ou, talvez, especialmente quando) a relação foi rompida antes da morte, é de partir o coração. A presença de sentimentos fortes como a mágoa não é uma questão de sabedoria ou da ausência dela; mas, a maneira como lidamos com estes sentimentos tem tudo a ver. A reação de Davi desanimou aqueles que arriscaram sua vida por ele:

> *Então, a vitória se tornou, naquele mesmo dia, em luto para todo o povo;*
> *porque, naquele dia, o povo ouvira dizer: O rei está de luto por causa*
> *de seu filho.*
> *Naquele mesmo dia, entrou o povo às furtadelas na cidade,*
> *como o faz quando foge envergonhado da batalha. (2 Samuel 19.2-3)*

Como a alarmante notícia sobre o luto de Davi se espalhou pela cidade, Joabe, o conselheiro de Davi, veio e repreendeu o rei:

> *Então, Joabe entrou na casa do rei e lhe disse:*
> *Hoje, envergonhaste a face de todos os teus servos, que livraram,*
> *hoje, a tua vida,*
> *e a vida de teus filhos, e de tuas filhas, e a vida de tuas mulheres, e*
> *de tuas concubinas, amando tu os que te aborrecem e aborrecendo*
> *aos que te amam;*
> *porque, hoje, dás a entender que nada valem para contigo príncipes*
> *e servos;*
> *porque entendo, agora, que, se Absalão vivesse e todos nós, hoje,*
> *fôssemos mortos, então, estarias contente. (2 Samuel 19.5-6)*

As palavras de Joabe tocaram o sofrimento de Davi, e ele conseguiu se recompor, para o bem de seu povo. No entanto, temos em Davi um exemplo de como as emoções podem correr soltas. Tanto o seu amor pelo filho quanto sua tristeza pela morte dele foram mal controlados, e sua falha em "domínio sobre seu espírito" (Provérbios 16.32) trouxeram grandes consequências. Arthur Pink escreve: "A indulgência excessiva de qualquer emoção (e a mágoa não é uma exceção) não só ofende a Deus, como também revela grandes imprudências dos homens em suas ocupações temporais".[6]

Sendo assim...
Ao considerarmos tudo isto à luz desta ênfase de Provérbios, em termos sensibilidade para com os sentimentos dos outros, podemos resumir a sabedoria do controle emocional em "deixar fluir as emoções somente ao ponto de que não tragam dano às pessoas, ou desonra ao nome de Deus".

Desejos

Nossos desejos – as coisas que queremos – tendem a dirigir nossa vida e nossas escolhas. Por esta razão, é importante que nossos desejos sejam biblicamente moldados. Hoje, todas nós queremos alguma coisa. Pode ser um desejo que carregamos em nosso coração durante anos, ou talvez algo mais recente. Pode ser algo que surge de nossa natureza feminina – um marido, um filho, uma casa própria. Algumas de nós queremos cura, seja para uma doença ou para um relacionamento. Pode ser também um desejo por uma mudança maior, como um emprego diferente ou mudança de setor. Ou algo mais simples, como uma mudança de rotina, com um passeio de duas semanas na praia, ou mesmo apenas não ter que trabalhar na cozinha por uma ou duas noites. E espera-se que, sobre todos os nossos desejos, nós desejemos o próprio Deus.

Às vezes, o modo como descrevemos um determinado desejo seja meramente uma tentativa de dar forma a algum anseio mais profundo em nosso coração, o qual não conseguimos nomear. Nosso desejo de um casamento, uma casa e uma família, por exemplo, pode ser o modo como exprimimos o nosso anseio por amor, por sermos de alguém, por extinguirmos a solidão. Não importam as especificidades de nossos desejos ou de como os expressamos, todos os nossos anseios indicam que ainda não chegamos em casa. Somos mulheres incompletas vivendo num mundo inacabado, e, por causa disso, não encontraremos total satisfação até irmos para casa, até que sejamos aperfeiçoadas em Cristo e que vivamos com Ele no Céu. Até lá, vamos continuar sendo mulheres com anseios.

Muitas das coisas que desejamos já nos são inerentes. Deus nos criou para desejar um lar e uma família e para sermos alimentadas, vestidas e abrigadas; e não há nada de errado com esses anseios. O problema é que passamos a desejá-los muito. E quando isso acontece, bons desejos se tornam escravizadores. Somos escravizadas a qualquer desejo que acreditemos que precisamos ter para sermos felizes. Por esta razão, é bom considerarmos o que Provérbios diz sobre nossos desejos.

Provérbios distingue entre o bom e o mau desejo; e entre bom, muito bom e melhor, e assim coloca a sabedoria à frente das desejáveis aquisições.

> *Porque melhor é a sabedoria do que jóias, e de tudo o que se deseja nada se pode comparar com ela. (Provérbios 8.11)*

O que a Palavra de Deus está nos dizendo aqui é que não importa o quanto nossos desejos valem a pena, nada será tão gratificante e satisfatório quanto obter a sabedoria. Com base nesta verdade, podemos concluir que envolvemos nossos sentimentos em desejar muito mais do que deveríamos.

Se desejássemos a sabedoria muito mais do que as coisas, os relacionamentos e o sucesso, seríamos muito mais realizadas do que geralmente somos. É vontade de Deus nos conceder sabedoria, apesar de que pode não estar em Seus planos nos dar as outras coisas as quais desejamos em nosso coração, o que representa maior descontentamento.

De fato, pode acontecer de Deus não nos conceder algo que desejamos, porque nosso querer é tão intenso, que possuir o objeto de nosso desejo seria muito prejudicial para nós. David Powlison diz: "Nossos desejos por coisas boas tomam o trono, tornam-se ídolos que substituem o Rei. Deus se recusa a atender nossos anseios instintivos, mas nos ordena a sermos dirigidos por outros anseios. Aquilo que Deus ordena, Ele dá o poder para que seja realizado".[7] Portanto, a primeira coisa que aprendemos sobre desejos em Provérbios é que o nosso melhor anseio – e aquele que temos garantia de receber – é a sabedoria.

Provérbios certamente mostra que, quando nossos desejos são alinhados com a verdade de Deus, podemos estar muito mais confiantes de que Ele no-los concederá:

Aquilo que teme o perverso, isso lhe sobrevém,
mas o anelo dos justos Deus o cumpre. (Provérbios 10.24)

O desejo dos justos tende somente para o bem,
mas a expectação dos perversos redunda em ira. (Provérbios 11.23)

O Salmista disse da seguinte maneira: *"Agrada-te do SENHOR, e ele satisfará os desejos do teu coração" (Salmo 37.4).*

Provérbios também fala do poder dos desejos:
*A esperança que se adia faz adoecer o coração,
mas o desejo cumprido é árvore de vida. (Provérbios 13.12)*

*O desejo que se cumpre agrada a alma,
mas apartar-se do mal é abominável para os insensatos. (Provérbios 13.19)*

Considere o contraste no último provérbio (13.19). É provável que, em algum ponto, todos nós tenhamos experimentado o agradável sentimento de ter um sonho realizado. Os insensatos, contudo, experimentam este sentimento agradável de realização quando se entregam ao pecado. No entanto, é uma realização temporária e nunca é agradável para sempre.

Provérbios também nos dá uma ideia do que acontece quando permitimos que nossos desejos governem nossa vida:

*O solitário busca o seu próprio interesse
e insurge-se contra a verdadeira sabedoria. (Provérbios 18.1)*

Aqui descreve-se uma pessoa que está tão decidida a buscar o que deseja, que ela não escuta o conselho ou orientação dos outros. Com o passar do tempo, ela começa a evitar toda pessoa que possa desafiar sua busca daquilo que deseja, e, por fim, ela descobre que aqueles que a contradiziam estavam certos o tempo todo. Vemos este provérbio sendo desprezado todos os dias, frequentemente, em envolvimentos românticos ímpios.

Quando se trata de algo que desejamos, Provérbios está dizendo, devemos lidar com isso sabiamente, aceitando bem o conselho dos outros, a fim de protegermo-nos contra o poder do desejo. Esta atitude de sabedoria é reforçado aqui:
Não é bom proceder sem refletir, e peca quem é precipitado.
(Provérbios 19.2)

Provérbios também deixa claro que, como criaturas caídas, nós teremos desejos pecaminosos ou desejaremos demasiadamente uma coisa boa, e há consequências em entregar-se a estes:

O preguiçoso morre desejando, porque as suas mãos recusam trabalhar.
(Provérbios 21.25)

O preguiçoso, por exemplo, tem um desejo desordenado de experimentar conforto e prazer sem ter que se esforçar por isso. Nossa imagem de um preguiçoso é alguém que dorme até meio dia, depois relaxa confortavelmente na poltrona o dia todo com o controle da TV na mão e um pote de salgadinhos ao lado. Mas os que ficam no sofá comendo batatinhas não são os únicos preguiçosos; pessoas fisicamente ativas podem ser preguiçosas também.

Bethany, uma desempregada de vinte e oito anos, quer encontrar um novo emprego, e desde que está desempregada, há um ano, precisa desesperadamente de um emprego. Mas Bethany não está disposta e ter um emprego qualquer, ela quer o emprego dos sonhos. Ela tem sido incentivada por amigos e pela família a se candidatar a cargos que com o tempo possam levá-la a alcançar este emprego dos sonhos, mas Bethany não gosta desta sugestão e não está disposta a considerá-la.

Quando entrei na faculdade para estudar comunicação, fui abençoada por poder frequentar aquela que era considerada uma escola de comunicação de alto nível. Apesar da reputação da escola, nunca me esqueci o que um professor disse à minha turma, quase no fim do último ano: "Não pense que você vai se formar nesta escola e vai conseguir o emprego perfeito em jornalismo, publicação ou televisão. Não, se vocês querem entrar nesta carreira, vocês mulheres vão começar como secretárias, e vocês, homens, em vendas". Ele estava falando sobre o esforço devido. E estava certo. Bethany não quer se esforçar, e nem pensa que deve, pois ela é bonita e tem um diploma de nível superior. Se buscamos construir nossa vida sobre uma fundação de merecimentos, estamos vivendo como preguiçosos. A humildade, que caminha lado a lado com a sabedoria, reconhece e aceita que o esforço devido é parte da vida.

Se nossos desejos são moldados pelo temor do Senhor, nós os veremos se realizar: Deus "acode à vontade dos que o temem; atende-lhes o clamor e os salva" (Salmo 145.19). Além disso, aqueles que temem ao Senhor são os que desejam o Senhor. O Salmista não apenas sabia disso, mas ele vivia e respirava isso: "Quem mais tenho eu no céu? Não há outro em quem eu me compraza na terra" (Salmo 73.25). Se queremos experimentar a alegria do desejo realizado, este é o caminho. Se nosso desejo é o próprio Deus, temos a garantia em Cristo. E, quanto mais experimentamos e conhecemos dEle, mais os nossos desejos por coisas menos importantes diminuirão, proporcionalmente, pois nada é mais realizador do que Deus em Cristo. Você já provou isso? Se já, sabe exatamente o que o Salmista está descrevendo. Se não, você está disposta a orar para que Deus faça deste o seu maior desejo? Se você está disposta, tem a garantia da alegria do desejo realizado.

Feliz o homem que acha sabedoria, e o homem que adquire conhecimento;
porque melhor é o lucro que ela dá do que o da prata,
e melhor a sua renda do que o ouro mais fino.
Mais preciosa é do que pérolas, e tudo o que podes desejar não é comparável a ela. (Provérbios 3.13-15)

O MUNDO...
"Algumas pessoas acham que não merecem ser ricas ou que não há riquezas suficientes para todos . Adquirir riquezas e ter liberdade financeira é algo disponível a todo mundo. Temos o direito de enriquecer, e minha esperança é que as pessoas assumam seu espaço e saibam que merecem isso."
 -Loral Langmeier, "8 Mitos Sobre Dinheiro",
 -The Millionaire Maker

A PALAVRA...
Os bens do rico lhe são cidade forte e, segundo imagina, uma alta muralha.
 -Provérbios 18.11

CAPÍTULO 7

A MULHER SÁBIA É EXPERIENTE EM FINANÇAS

"Não tenho ideia de como é a nossa situação financeira", disse Natalie. "Meu marido cuida de toda a parte de finanças, e fico muito feliz com isso, pois pensar em contas, impostos e fundo de aposentadoria não é meu forte". É claro que isso está fora de cogitação – ela não investe tempo nem se empenha em aprender sobre isso! E, apesar de os maridos controlarem as finanças em muitos ou até na maioria dos lares, há uma tremenda sabedoria em ter uma noção do estado financeiro de nossa família, e saber onde as notas são guardadas e quem são os contatos. Se a esposa, de repente, perde o marido, a devastação, tanto emocional como na vida prática, será mais intensa se ela não souber ou não conhecer o estado das finanças de sua casa. Por outro lado, esposas que se disciplinam a acompanhar as finanças não somente se saem melhor se ficarem sós, como também podem apoiar mais ativamente seu esposo.

Encontramos esta esposa em Provérbios 31 (a mulher que examinaremos detalhadamente mais adiante). A esposa de Provérbios 31.10-31 é uma figura de sabedoria. Ela foi colocada no final do livro para servir como alegoria do exemplo que um homem deve procurar quando escolher uma esposa. Uma qualidade pela qual ela é elogiada é o seu conhecimento financeiro. Ela dedicou tempo para descobrir uma boa oportunidade de investimento, e ela aumentou seu investimento para que desse lucro (Provérbios 31.16). Ela também compreendia o valor dos bens comerciais em seus dias, e usou esse conhecimento para gerar lucro (Provérbios 31.18-24).

Com ela aprendemos que é biblicamente correto a esposa ser perspicaz nas finanças. Com muita frequência hoje em dia, em nossos bem intencionados esforços para controlar o estrago causado pelo movimento feminista no designio de Deus para o casamento, nós vamos muito longe na direção oposta. Em nosso desejo de apoiar a liderança masculina em nosso lar, ficamos longe de coisas como as finanças, mas essa é uma maneira errada de agir. Na verdade, nós podemos ajudar mais ao nosso marido se soubermos o que se passa em nossa conta bancária, pois podemos apresentar planilhas bem informadas e oferecer opiniões inteligentes nas decisões financeiras, em vez de deixá-lo isolado, tendo que lidar com isso sozinho.

Seja casada ou solteira, toda mulher é chamada a contribuir para o bem estar financeiro de seu lar. A contribuição da mulher casada pode ser direta ou indireta, ao passo que para a solteira, geralmente é direta. Além de adquirir conhecimento em como poupar e investir, a mulher solteira deve também ganhar o dinheiro para fazer estas aplicações. Em ambos os casos, os princípios da sabedoria financeira são os mesmos. Primeiro, Provérbios faz uma ligação direta entre prosperidade e trabalho duro, preguiça e pobreza:

*O que trabalha com mão remissa empobrece,
mas a mão dos diligentes vem a enriquecer-se. (Provérbios 10.4)*

*Em todo trabalho há proveito; meras palavras, porém, levam à penúria.
(Provérbios 14.23)*

*O que lavra a sua terra virá a fartar-se de pão,
mas o que se ajunta a vadios se fartará de pobreza. (Provérbios 28.19)*

Provérbios 14.23 é um versículo para o caso de Bethany, que vimos no último capítulo. Ele mostra que somos abençoadas, mesmo quando realizamos as mais mundanas tarefas, venha a bênção imediatamente ou a longo prazo. Com relação a finanças, o versículo se aplica aos nossos esforços por lucro, bem como nossos esforços para aprender. Em outra parte, Salomão escreveu: "Semeia pela manhã a tua semente e à tarde não repouses a mão, porque não sabes qual prosperará; se esta, se aquela ou se ambas igualmente serão boas" (Eclesiastes 11.6).

O PODER DA DECISÃO

Provérbios também nos dá conhecimento a respeito de empréstimo financeiro, deixando claro que sempre há aprisionamento, ainda que invisível:

O rico domina sobre o pobre, e o que toma emprestado é servo do que empresta. (Provérbios 22.7)

Embora, por vezes seja inevitável, endividar-se com uma pessoa ou uma instituição é sempre um negócio arriscado. Há momentos em que um empréstimo faz sentido a longo prazo para o bem estar de nossa família. Afinal, poucos podem pagar o preço pedido por uma casa ou um carro. Mas se falharmos no pagamento da dívida, estaremos em pior situação do que antes de fazermos o empréstimo, e para evitar as consequências – a escravidão da qual Provérbios fala – é sábio pensar o máximo possível, se o montante que estamos emprestando é administrável. Planejar o custo com antecedência é sábio, como Jesus disse claramente quando perguntou: "Pois qual de vós, pretendendo construir uma torre, não se assenta primeiro para calcular a despesa e verificar se tem os meios para a concluir?" (Lucas 14.28).

Contudo, iremos além das regras básicas de finanças ensinadas por Suze Orman. Nossas vidas podem tornarem-se escravizadas a um credor, de maneiras muito mais sutis. Se fizermos um empréstimo com os nossos sogros, nos sentiremos obrigadas a passar cada feriado com eles durante a próxima década? Se incentivarmos nosso marido a aceitar ajuda financeira de nosso próprio pai, ele sentirá necessidade de transferir para nosso pai preocupações não relacionadas ao empréstimo, talvez criando ressentimento durante o processo? É sempre bom pesar o quanto se pode enredar a longo prazo, toda vez que fizermos um empréstimo.

Há um tempo atrás minha amiga Leisel fez um empréstimo sem juros com um membro da família para custear a faculdade, o que se mostrou uma grande bênção. Contudo, ela devolveu o dinheiro assim que pode, porque se sentia mal cada vez que gastava com alguma outra coisa. A pessoa que emprestou o dinheiro nunca cobrou ou questionou seus gastos, e ele teria ficado chateado se soubesse como o empréstimo fazia ela se sentir; não obstante, ela estava escravizada ao credor. Às vezes, fazer um empréstimo é, de fato, inevitável, mas em outros momentos, se nós separarmos nossa real necessidade daquilo que simplesmente queremos, veremos que poderíamos evitar o perigo descrito em Provérbios 22.7.

A INFLUÊNCIA DAS RIQUEZAS E O PODER DE DEUS

Mesmo o dinheiro que adquirimos com nossos próprios esforços pode se tornar um aborrecimento:

Com as suas riquezas se resgata o homem, mas ao pobre não ocorre ameaça. (Provérbios 13.8)

Quanto mais se tem, mais pode ser tirado de alguém, e mais preocupação se tem. Nós passamos pelas grandes avenidas, onde podemos avistar casas ao longe, e admiramos – talvez com inveja – seus jardins bem cuidados, e visualizamos a beleza de seu interior, os móveis... Mas será que consideramos a manutenção destes jardins? Ela representa o grande esforço de uma equipe de pai e filho cada sábado de verão ou o serviço de uma empresa de jardinagem. E quanto ao que se encontra nos interiores, toda a prataria precisa de polimento e seguro contra roubo. Tetos altos requerem pintores profissionais e de alto custo. Todo o estofamento precisa de limpeza especializada. Quanto mais se tem, mais se gasta. "Entretanto", dizemos, "eu trocaria as dificuldades de não ter muitas riquezas pelas dificuldades de ter muitos bens".

Por pensarmos desta forma, podemos estar sujeitas a quaisquer táticas que prometam aumentar nossa conta bancária. Nosso desejo pela facilidade que acreditamos que o dinheiro é capaz de nos proporcionar pode prejudicar nossa capacidade de discernimento. Por esta razão, Provérbios garante a verdade deste ensino: "Se parece bom demais para ser verdade, desconfie". Esquemas de enriquecimento rápido não funcionam, e aqueles que com frequência se lançam neles são os que permitem que a ganância sufoque a voz da sabedoria. Isso inclui aqueles que gastam o salário com apostas na loteria, investindo na bolsa de valores ou empreendimentos, em vez de pagar as contas da casa.

Os planos do diligente tendem à abundância, mas a pressa excessiva, à pobreza. (Provérbios 21.5)

Os bens que facilmente se ganham, esses diminuem, mas o que ajunta à força do trabalho terá aumento. (Provérbios 13.11)

Quando o mercado imobiliário desmoronou em 2008, as pessoas não podiam se livrar da culpa rapidamente. De acordo com a mentalidade de nossa sociedade, a mídia se apressou em culpar o governo e os credores, mas tinha muito pouco a dizer sobre a culpabilidade individual. É verdade que todas aquelas instituições contribuiram para a queda do mercado imobiliário, mas a culpa igualmente caía sobre os milhares e milhares que assumiram dívidas, ao comprar imóveis que não tinham condições de pagar. Foi uma atitude antibíblica do governo afirmar que cada americano tem "direito" de ter sua casa própria, e foi uma atitude antibíblica dos credores dizerem às pessoas que a sua casa dos sonhos poderia ser obtida, mesmo sem recursos. Contudo, igualmente contrários aos princípios bíblicos foram aqueles que desejaram tanto um imóvel, que assinaram a documentação e acreditaram que poderiam assumir um compromisso que fugia às suas condições financeiras. Todo este prejuízo poderia ter sido evitado, se tivessem feito uma investigação criteriosa das condições e buscado conselho sábio. Foi a ambição que se antepôs à sabedoria, no Conselho Americano.

O TESOURO DO NOSSO CORAÇÃO

Por conseguinte, quando se trata de finanças, a primeira ênfase de Provérbios não é tanto sobre nossa compreensão intelectual de questões financeiras, mas sobre o lugar que elas ocupam em nosso coração. O coração é, em grande parte, o que faz a diferença entre riqueza e pobreza na vida de alguém. A providência de Deus, obviamente, é o fator fundamental, mas é a Sua própria providência que determinou que nosso coração desempenhe um papel no bem estar financeiro. Entretanto, a vontade de Deus não é que consultemos Provérbios, como o faríamos com um consultor financeiro pessoal. Não, em nossa riqueza ou pobreza, seja ela resultante da sabedoria ou da insensatez, seu objetivo é prevenir-nos de nos preocuparmos demasiadamente com o dinheiro e nos ensinar a depender dEle em todas as nossas necessidades, inclusive em nos dar sabedoria. Agur, que escreveu as palavras encontradas no capítulo 30 de Provérbios, orou:

> *Afasta de mim a falsidade e a mentira; não me dês nem a pobreza nem a riqueza; dá-me o pão que me for necessário; para não suceder que, estando eu farto, te negue e diga: Quem é o SENHOR? Ou que, empobrecido, venha a furtar e profane o nome de Deus.* (Provérbios 30.8-9)

O que podemos tirar deste provérbio?

> *Os bens do rico são a sua cidade forte; a pobreza dos pobres é a sua ruína.* (Provérbios 10.15)

Deste provérbio, em particular, nós podemos aprender algo importante sobre o livro de Provérbios. Seus dizeres não são tanto promessas, mas observações sobre como a vida funciona. Se pudermos entender isso, podemos aprender a aplicar estes ensinamentos corretamente. Provérbios 10.15 é um bom exemplo. O escritor está fazendo uma observação, de que os que possuem dinheiro têm uma vida mais fácil do que aqueles que não possuem. Nenhum de nós discordaria disso, pois é o que faz com que nosso coração se incline a buscar por riquezas. Quando a reforma da casa é necessária, o dinheiro no banco nos impede de preocupar-nos em como pagaremos por ela. Quando nosso filho quer fazer um acampamento caro no verão, uma conta bancária recheada nos possibilita experimentar a alegria de dizermos "sim". Quando uma amiga nos pede para viajarmos com ela ao Havaí por uma semana, nosso dinheiro nos capacita a sentir empolgação sem nenhuma culpa, quando clicamos em "compar" no site de viagens. O dinheiro pode ser, de fato, uma bênção, o que é exatamente aquilo que Provérbios 10.15 reconhece.

Não obstante, em toda a Bíblia somos advertidos sobre o engodo de buscar segurança no dinheiro. O Apóstolo Paulo escreveu: "O amor ao dinheiro é a raiz de todos os males" (1 Timóteo 6.10). O perigo está na própria bênção que o dinheiro proporciona – a sensação de segurança. E a razão porque isto é perigoso é que, primeiramente, somente Deus merece nossa confiança; e, em segundo lugar, não temos controle absoluto sobre nossa segurança. É por isso que Provérbios também afirma:

Não te fatigues para seres rico; não apliques nisso a tua inteligência.
Porventura, fitarás os olhos naquilo que não é nada?
Pois, certamente, a riqueza fará para si asas, como a águia que voa
pelos céus. (Provérbios 23.4-5)

De fato, esta é uma boa notícia, pois a maioria de nós nunca seremos ricos. É uma boa notícia, porque nos é oferecido algo muito melhor para confiarmos – o próprio Deus. Jesus disse: "Por isso, vos digo: não andeis ansiosos pela vossa vida, quanto ao que haveis de comer ou beber; nem pelo vosso corpo, quanto ao que haveis de vestir. Não é a vida mais do que o alimento, e o corpo, mais do que as vestes? Observai as aves do céu: não semeiam, não colhem, nem ajuntam em celeiros; contudo, vosso Pai celeste as sustenta. Porventura, não valeis vós muito mais do que as aves?" (Mateus 6.25-26). E o escritor aos Hebreus disse: "Seja a vossa vida sem avareza. Contentai-vos com as coisas que tendes; porque ele [Deus] tem dito: De maneira alguma te deixarei, nunca jamais te abandonarei" (Hebreus 13.5)

É também uma boa notícia, porque muitas de nós temos sido desorganizadas com nossas finanças, e estamos colhendo as consequências disso no presente. Mas Deus não molda nossas vidas com base em nossa experiência financeira, em sucessos ou fracassos. Ele nos molda com base em Seus próprios planos, e estes planos incluem até as desordens que causamos. J. I Packer escreve:

> "A razão porque a Bíblia dedica tanto de seu ensino reiterando que Deus é uma rocha firme, um escudo, um refúgio seguro e socorro para os fracos, é porque Deus quer nos conscientizar de que somos fracos, tanto mental como moralmente, para que não confiemos em nós mesmos para encontrar e seguir o caminho correto... Deus quer que sintamos que nosso caminho na vida é áspero e complexo, para que possamos alegremente aprender a nos firmar nEle... Deus realmente usa nossos pecados e falhas para este fim. Ele frequentemente emprega a disciplina educativa de falhas e fracassos... Deus pode tirar algo bom dos extremos de nossa insensatez; Deus pode restaurar os anos que o gafanhoto devorou... Você está triste por sentir sua fraqueza? Reconhece ter cometido um grande erro? Volte para Deus, Sua graça restauradora espera por você.[1]

Na economia de Deus, há coisas muito mais importantes para buscarmos do que o dinheiro, tais como a justiça e as bênçãos de conquistar uma reputação que glorifique a Ele:

> *Quem confia nas suas riquezas cairá, mas os justos reverdecerão como a folhagem. (Provérbios 11.28)*
> *Mais vale o bom nome do que as muitas riquezas;*
> *e o ser estimado é melhor do que a prata e o ouro. (Provérbios 22.1)*

Os planos de Deus para nós são diferentes dos do mundo, e, por isso, somos sábias em não colocarmos a maior renda em potencial como o determinante para as nossas escolhas de carreira e esposo. E também podemos abrir mão de nosso arrependimento por erros financeiros do passado e nos concentrarmos no que realmente importa. Você está sentindo algum remorso, por causa das finanças? Se estiver, leve isto a Deus e peça-lhe que transforme você através deste sentimento e que tire o bem desta situação. Ele fará isso. Não importa como seja nosso passado ou presente nas finanças, o futuro pode ser governado por sabedoria, e um bom primeiro passo é fazer da oração de Agur a sua própria. Você fará?

O mundo...
"Eu duvido que fidelidade seja absolutamente essencial num relacionamento. Nem Brad nem eu temos afirmado que viver junto significa estar acorrentado".
- Angelina Jolie, Revista Das Neue

A Palavra...
Bebe a água da tua própria cisterna e das correntes do teu poço.
Derramar-se-iam por fora as tuas fontes, e, pelas praças, os ribeiros de águas?
Sejam para ti somente e não para os estranhos contigo.
Seja bendito o teu manancial, e alegra-te com a mulher da tua mocidade.
- Provérbios 5.15-18

CAPÍTULO 8

A MULHER SÁBIA RESGUARDA SUA SEXUALIDADE

Numa sociedade em que casamento gay e a prática da pedofilia são tidos como corretos, é difícil acreditar que adultério seja ainda ilegal em alguns estados da América do Norte. No livro das leis do estado de Minnesota encontramos o seguinte:

> Quando uma mulher casada tem relação sexual com um homem que não seja o seu marido, seja casado ou não, ambos são culpados de adultério e devem ser sentenciados a prisão por um ano, ou ao pagamento de fiança correspondente a 3000 dólares, ou ambos.[1]

A razão porque nós, americanos, não temos ciência de uma lei como esta é porque não nos obrigam a cumpri-la. Ela é usada, primeiramente, como meio de negociação em assentamentos de divórcio.[2] Mas o que importa para nós não é tanto o que o livro da lei diz sobre a prática sexual, mas o que a Palavra de Deus diz.

Sexo é um tema amplo em Provérbios. A intenção original desta educação sexual era instruir jovens rapazes sobre qual tipo de mulher escolher e qual tipo evitar. Mesmo que estes provérbios tenham sido escritos originalmente para homens, nós mulheres podemos aprender muito com eles também. Primeiramente, ao considerarmos o ensino de Provérbios sobre a diferença entre as boas moças e as que não são tão boas, podemos examinar nosso coração, a fim de assegurarmo-nos de que somos o tipo correto. Em segundo lugar, por vivermos numa sociedade onde as mulheres têm liberdade como em nenhum outro tempo da história, o conselho de Provérbios sobre do que devemos nos guardar, hoje não é aplicável apenas aos homens.

No tempo em que Provérbios foi escrito, as mulheres não eram independentes como são agora. Em geral, elas iam da casa de seus pais para a casa do marido sem experimentar as estações intermediárias, como fazem as mulheres jovens de hoje, com a oportunidade de morarem sozinhas. Além disso, as consequências para o pecado sexual no antigo Israel eram muito mais terríveis do que são hoje, o que servia como impedimento. Portanto, apesar de gozar de uma maior independência agora, com esta liberdade vem mais oportunidade para tentação e pecado sexual.

Ao nos aprofundarmos no conhecimento de tudo que Provérbios tem a dizer sobre o assunto, perguntemos a nós mesmas como podemos ser o tipo de mulher que os jovens rapazes leitores de Provérbios eram aconselhados a procurar. Também desejamos nos tornar sábias para lidar com as nossas próprias tentações, quando se trata de sexo, e para entendermos onde e quando elas surgem e como dominá-las.

Por que o sexo fora do casamento é tão ruim?

O pecado sexual, como todos os outros pecados, surge no coração e pode se demonstrar em ações e contaminar nossos pensamentos, palavras e atos. A insensata permite que a imoralidade escondida em seu coração se mostre em pecados sexuais. Mas o pecado sexual é realmente tão ruim? Esta pergunta atinge todo mundo, em algum momento, e não apenas incrédulos. Afinal, incrédulos não são os únicos a terem casos extraconjugais e a questionar a legitimidade do casamento unicamente heterossexual. Há cristãos professos vivendo em pecado sexual que têm feito esta pergunta e respondido negativamente.

Mas isso é ruim. Muito ruim. Primeiro, é uma violação da ordem de criação de Deus. Deus não designou o casamento apenas para os crentes; Ele estabeleceu isso no momento da criação, para todas as pessoas. O casamento – a união de um homem e uma mulher em compromisso para toda vida – foi estabelecido por Deus para a humanidade em geral. Especificamente para os crentes, há algo sobre o pecado sexual que viola nossa união com Cristo, como podemos ver em uma passagem escrita por Paulo aos Coríntios:

> Os alimentos são para o estômago, e o estômago, para os alimentos; mas Deus destruirá tanto estes como aquele.
> Porém o corpo não é para a impureza, mas, para o Senhor, e o Senhor, para o corpo.
> Deus ressuscitou o Senhor e também nos ressuscitará a nós pelo seu poder.
> Não sabeis que os vossos corpos são membros de Cristo?
> E eu, porventura, tomaria os membros de Cristo e os faria membros de meretriz? Absolutamente, não.
> Ou não sabeis que o homem que se une à prostituta forma um só corpo com ela? Porque, como se diz, serão os dois uma só carne.
> Mas aquele que se une ao Senhor é um espírito com ele. (1 Coríntios 6.13-17)

De maneira sobrenatural, nos tornamos um com quem temos relação sexual. E Paulo parece estar dizendo que este tornar-se um é mais do que apenas uma união física; há um componente espiritual também.

As consequências do pecado sexual comprovam isso. Considere o fato de que o pecado sexual é destrutivo, de uma forma ou de outra, fisicamente, relacionalmente e sempre espiritualmente. Como vimos anteriormente, Paulo deixa claro em Romanos 1, que pecados sexuais surgem de corações que rejeitam a Deus, e aqueles que não rejeitam este pecado tornam-se mais perversos em seus desejos sexuais. Isso leva a uma insanidade espiritual.

O pecado sexual também é ruim porque impede o nosso processo de santificação:

> *"Pois esta é a vontade de Deus: a vossa santificação, que vos abstenhais da prostituição; que cada um de vós saiba possuir o próprio corpo em santificação e honra, não com o desejo de lascívia, como os gentios que não conhecem a Deus;*
> *e que, nesta matéria, ninguém ofenda nem defraude a seu irmão; porque o Senhor, contra todas estas coisas, como antes vos avisamos e testificamos claramente, é o vingador, porquanto Deus não nos chamou para a impureza, e sim para a santificação.*
> *Dessarte, quem rejeita estas coisas não rejeita o homem, e sim a Deus, que também vos dá o seu Espírito Santo."* (1 Tessalonicenses 4.3-8)

Em lugar nenhum da Bíblia lemos que sexo é correto, quando se ama muito alguém. Nem encontramos passagens que se refiram à frequente pergunta: "Até onde eu posso chegar, antes que se torne pecado?" Fazer esta pergunta é revelar um coração dividido, pois um coração íntegro não pensa assim, de forma alguma. Um coração íntegro pergunta: "Como posso ser mais santa?"

Provérbios 5 e 7 advertem jovens rapazes suscetíveis a não se deixarem seduzir por um certo tipo de mulher. Ela é perigosa, apesar de que seu perigo se esconde sob mentiras encantadoras:

> Porque os lábios da mulher adúltera destilam favos de mel, e as suas palavras são mais suaves do que o azeite. (Provérbios 5.3)

Em outras palavras, ela sabe como estimular um homem, e não tem escrúpulos em perseguir o homem que deseja. Nós podemos ficar lisonjeados quando alguém nos acha atrente, e o diabo sabe que este tipo de apelo para nosso ego é enorme. A tentação para o pecado sexual, com frequência vai nos atingir, sejamos homens ou mulheres, tocando nosso ego, e há terríveis consequências para os que cedem:

- Perda da honra (Provérbios 5.9)
- Fruto do trabalho usado por outros (Provérbios 5.10)
- Perda da força e do caráter (Provérbios 7.22-23, 26)
- Consequências físicas contínuas (Provérbios 5.11)
- Remorso (Provérbios 5.12-14)
- Morte (Porvérbios 7.26-27)
- Julgamento divino (Provérbios 5.21)

Sim, o pecado sexual é realmente muito ruim.

A MULHER IMORAL

Referências de caráter sobre a mulher imoral, também chamada de "mulher proibida" e de "adúltera", são encontradas em Provérbios, e há duas grandes sessões no livro que fornecem uma ilustração mais completa:

Porque os lábios da mulher adúltera destilam favos de mel,
e as suas palavras são mais suaves do que o azeite;
mas o fim dela é amargoso como o absinto, agudo, como a espada de dois gumes.
Os seus pés descem à morte; os seus passos conduzem-na ao inferno.
Ela não pondera a vereda da vida; anda errante nos seus caminhos e não o sabe.
Agora, pois, filho, dá-me ouvidos e não te desvies das palavras da minha boca.
Afasta o teu caminho da mulher adúltera e não te aproximes da porta da sua casa;
para que não dês a outrem a tua honra, nem os teus anos, a cruéis;
para que dos teus bens não se fartem os estranhos,
e o fruto do teu trabalho não entre em casa alheia;
e gemas no fim de tua vida, quando se consumirem a tua carne e o teu corpo,
e digas: Como aborreci o ensino! E desprezou o meu coração a disciplina!
E não escutei a voz dos que me ensinavam, nem a meus mestres inclinei os ouvidos!
Quase que me achei em todo mal que sucedeu
no meio da assembléia e da congregação. (Provérbios 5.3-14)

Porque da janela da minha casa, por minhas grades, olhando eu,
vi entre os simples, descobri entre os jovens um que era carecente de juízo,
que ia e vinha pela rua junto à esquina da mulher estranha
e seguia o caminho da sua casa,
à tarde do dia, no crepúsculo, na escuridão da noite, nas trevas.
Eis que a mulher lhe sai ao encontro, com vestes de prostituta e astuta de coração.
É apaixonada e inquieta, cujos pés não param em casa;
ora está nas ruas, ora, nas praças, espreitando por todos os cantos.
Aproximou-se dele, e o beijou, e de cara impudente lhe diz:

*Sacrifícios pacíficos tinha eu de oferecer; paguei hoje os meus votos.
Por isso, saí ao teu encontro, a buscar-te, e te achei.
Já cobri de colchas a minha cama, de linho fino do Egito, de várias cores;
já perfumei o meu leito com mirra, aloés e cinamomo.
Vem, embriaguemo-nos com as delícias do amor, até pela manhã;
gozemos amores.
Porque o meu marido não está em casa, saiu de viagem para longe.
Levou consigo um saquitel de dinheiro; só por volta da lua cheia ele
tornará para casa. Seduziu-o com as suas muitas palavras, com as
lisonjas dos seus lábios o arrastou. (Provérbios 7.6-21)*

Olhar, detalhadamente, a mulher imoral de Provérbios nos ensina muito sobre o nosso próprio coração. Provavelmente, descobriremos que temos mais em comum com ela do que gostaríamos de acreditar.

Primeiro, descobrimos que ela é uma mulher inquieta:

É apaixonada e inquieta, cujos pés não param em casa. (Provérbios 7.11)

A mulher inquieta está sempre procurando algo diferente daquilo que ela já tem. Ela quer algo que acredita que Deus não provienciou. Nós a vemos na mulher solteira que está desesperada por um marido e na casada que quer um marido diferente ou um casamento mais perfeito. Qualquer que seja a situação, podemos ter certeza de estarmos inquietas sempre que pensamos: "Deus não fez o certo comigo, então eu vou atrás do que quero". Não, nós não dizemos isso exatamente dessa forma. Mas seja como for que nos expressamos, estamos fazendo assim sempre que buscamos satisfação da nossa própria maneira e com nossos próprios meios.

A segunda coisa que notamos sobre esta mulher é que ela inflama sua luxúria:

> *Vem, embriaguemo-nos com as delícias do amor, até pela manhã; gozemos amores. (Provérbios 7.18)*

Geralmente, a luxúria é atribuída aos homens, mas isso não é correto. Lascívia não é uma característica do gênero; é uma característica da oportunidade. Homens e mulheres expostos, ou que se expõem, a estímulo sexual vão ceder à luxúria. E, se alimentarmos pensamentos e desejos lascivos, logo eles vão se tornar atos abertos de imoralidade.

Em terceiro, Provérbios revela que a mulher imoral procura enredar quem ou o que ela quer com seu discurso. Os jovens são aconselhados a abraçar a sabedoria para que não sejam vítimas da "mulher adúltera... que lisonjeia com palavras" (2.16). Esta mulher não tem escrúpulos, na tentativa de atrair e chamar a atenção dos maridos de outras mulheres. Talvez você já tenha sentido ciúme porque outra mulher, de alguma forma, chamou a atenção de seu marido. É uma sensação horrível! Mas será que também não somos culpadas de fazer a mesma coisa? Podemos fazer isso sem que percebamos.

Isso pode ser um perigo potencial num ambiente de escritório, onde homens e mulheres trabalham lado a lado, e passam mais tempo conversando com seus colegas de trabalho do que com seus cônjuges. Para as mulheres que trabalham: temos cuidado com o que fazemos com tal proximidade? É de se esperar que conscientemente evitemos flertar com nossos colegas de trabalho casados, mas será que fazemos tudo que está ao nosso alcance para proteger nossos colegas casados da tentação? Brincadeiras no trabalho podem ser uma forma de tropeço, assim como discussões sobre nossa vida pessoal – ou sobre a deles. Trabalhar em conjunto traz uma experiência de união, e é natural que surjam amizades. Por causa disso devemos guardar ainda mais nossas palavras no trabalho.

A "que lisonjeia com palavras" de Provérbios 2.16 é talvez melhor entendida como palavras de lisonja. Como mencionamos anteriormente, este é o tipo de conversa a que todo mundo, tanto mulheres como homens, estão suscetíveis, pois os lisonjeiros apontam suas palavras diretamente para as perceptíveis fraquezas dos outros. Os lisonjeiros estão sempre em busca de algo daqueles a quem lisonjeiam, e se não estivermos encontrando satisfação na provisão de Deus e no próprio Deus, as palavras do lisonjeador podem se tornar a armadilha para o pecado sexual. E você? Você é suscetível à lisonja de um homem com quem não é casada? É provável que sejamos suscetíveis à lisonja de homens não disponíveis, se suas palavras nos atingirem numa área de fraqueza ou decepção pessoal, ou numa área onde temos sido desiludidas por nosso marido.

A mulher imoral também é caracterizada por uma recusa em pensar seriamente sobre a vida:

> Ela não pondera a vereda da vida; anda errante nos seus caminhos e não o sabe. (Provérbios 5.6)

O Provérbio não está dizendo que aquelas que têm uma personalidade extrovertida estão mais inclinadas à imoralidade, mas está fazendo um vínculo entre imoralidade e a mulher que evita usar sua mente. "O senso geral é que seus caminhos são inconstantes e incertos... a fim de evitar o pensamento sério", escreve Derek Kidner.[3] Há coisas que são difíceis de pensar – perdas dolorosas e decisões difíceis que precisamos fazer, e dificuldades que parecem nunca mudar - e o trabalho árduo da vida diária, às vezes, pode ser esmagador. Mas a mulher sábia, aquela que vive em humilde confiança em Deus, é capaz de enfrentar a realidade com contentamento e descobrir mais facetas do bom caráter de Deus ao longo do caminho. Aquelas que recusam-se a lutar com as coisas difíceis da vida estão rejeitando a Deus, e neste processo se voltam para um deus feito por elas mesmas, que serve como meio de escape das dificuldades.

O prazer sexual é um escape comum – é só perguntar a alguém que já enganou seu cônjuge durante um período difícil do casamento. Ou pergunte à moça solteira de vinte e alguns anos, que foi abandonada por seu pai durante a infância, e que já dormiu com mais homens do que pode contar. Ou pergunte ao viciado em pornografia, cujo vício começou quando navegava na internet para fugir da solidão. Estes não estão ponderando a vereda da vida, e seus caminhos são errantes.

Também vemos que as atitudes imorais da mulher descrita em Provérbios são realizadas no escuro:

> *Porque da janela da minha casa, por minhas grades, olhando eu,*
> *vi entre os simples, descobri entre os jovens um que era carente de juízo,*
> *que ia e vinha pela rua junto à esquina da mulher estranha*
> *e seguia o caminho da sua casa, à tarde do dia, no crepúsculo,*
> *na escuridão da noite, nas trevas.*
> (Provérbios 7.6-9)

O comportamento imoral é realizado no escuro; em outras palavras, há sempre uma natureza secreta para ele. Aqui está uma área onde autoexame não deveria ser muito difícil. Qualquer encontro ou atividade que sentimos que precisamos esconder ou sobre o qual precisamos prevaricar, ainda que um pouco, provavelmente não é bom. Se alguma coisa é honrável e correta, a luz pode brilhar sobre ela com força total em nossos corações. Qualquer reticência a ser revelada é um sinal de que algo está errado.

Como não ser como ela

Então como evitamos nos tornar como ela? Ou, se percebemos que já nos parecemos com ela, como podemos mudar?

Primeiro, podemos aprender a reconhecer o que atrai nosso coração à tentação. Para alguns de nós é o desejo de ser querida ou de ser vista como atraente – a lascívia. Nossa tentação pode não ser tanto o próprio sexo, mas o querer ser considerada um estímulo para outros. Para os outros entre nós, entretanto, é apenas a luxúria habitual, e a tática para evitá-la aqui é simples: não faça. Não pense nisso. Não fantasie.

A tentação pode vir aos outros através de um forte desejo de escapar de uma realidade diária desconfortável, e brincar com algo moralmente suspeito parece um modo razoável de lidar com a tensão, até que a situação melhore. O que pode nos fazer tropeçar aqui é a tentação – a mentira – de que escapar, por meio de um flerte ilícito, ou conversa, ou namorico é seguro, porque ninguém vai saber. É exatamente isso que a mulher imoral de Provérbios 7 disse a si mesma:

> *Vem, embriaguemo-nos com as delícias do amor, até pela manhã; gozemos amores.*
> *Porque o meu marido não está em casa, saiu de viagem para longe.*
> (Provérbios 7.18-19)

Devemos ficar atentas para aquilo que nos agrada oferecendo solução imediata, discretamente, numa área particular de nossa vida, nos enganando, acreditando que não vai prejudicar nenhuma outra área. Com certeza vai prejudicar muito mais do que simplesmente uma ou duas áreas.

Também podemos evitar nos tornarmos como a mulher imoral de Provérbios, reconhecendo o poder do pecado sexual.

Há uma sabedoria valiosa neste reconhecimento, que não precisa acontecer (e esperamos que não tenha que acontecer) por experiência própria. É preciso apenas disposição em aceitar a realidade do quão abominável o pecado é, e que nesta vida nunca o superaremos.

> *Porque a muitos feriu e derribou; e são muitos os que por ela foram mortos. (Provérbios 7.26)*

Em nosso meio, há aqueles que não conheceram a destruição do pecado sexual, e no entanto podem testemunhá-la, se não em meio aos nossos familiares e amigos, na mídia. Ele quebra corações e destrói famílias; arruina carreiras, devasta vidas. À luz de cada consequência tangível, o fato de que tantos ainda caem neste pecado serve de testemunho do seu poder. O desejo sexual é o desejo mais forte que o ser humano experimenta.

Mas a atração pela expressão sexual não é a única razão pela qual as pessoas caem neste pecado. "Porque a muitos feriu e derribou", diz Provérbios. Pessoas que sofrem queda moral são vítimas de sua natureza pecaminosa inerente e de seus impulsos naturais, mas alguns são também vítimas do pecado dos outros. Muitas jovens mulheres promíscuas sofreram abandono ou abuso dos pais, tal como a maioria das mulheres na indústria pornográfica. A "vítima" do verso 26 é alguém prejudicado pelo pecado, seja por seu próprio ou pelo de outro.

O primeiro modo como evitamos nos tornar como a mulher imoral, mencionada em Provérbios, é fugindo da tentação e das coisas que a inflamam. Foi isso que José teve que fazer, quando foi convocado pela esposa de Potifar, que "pôs os olhos em José e lhe disse: Deita-te comigo." (Gênesis 39.7). José estava numa posição em que fugir, certamente poderia ter lhe custado a vida (como, provavelmente, não seria o nosso caso), mas, por fim, ele sentiu que não tinha outra escolha, pois a mulher foi insistente em sua perseguição (v.10), e ele fugiu. A Bíblia não nos diz porque José fugiu, mas pode ter sido porque aquela mulher devassa estava ameaçando a resolução dele. Tendo sido tentado ou não, ele fugiu daquela situação, arriscando a sua vida, e de fato ele sofreu, em consequência de sua obediência a Deus. Entretanto, podemos ter certeza de que ele não sentiu remorso, a longo prazo.

Paulo expressa isso, de maneira bem direta: "Fugi da impureza" (1 Coríntios 6.18). Como exatamente fugimos de nossa própria tentação ao pecado sexual? Uma forma de fugir é ser cuidadosa em não dar impressão aos outros de que estamos abertas à possibilidade. Sinais sexuais não são difíceis de serem percebidos. Há um tipo de radar sexual que parece estar dentro das pessoas, tanto homens como mulheres.

Outra maneira de fugir é não se envolvendo com formas provocativas de entretenimento. Se não temos uma opção clara, talvez possamos deixar de assistir determinados filmes. O que de bom pode vir, ao assistir a uma cena pesada de sexo?

Também é sensato saber selecionar as companhias que temos. Temos percebido uma leitura lícita, em nosso radar sexual, na companhia de uma determinada pessoa? Se isso acontece, e principalmente, se percebemos estar cedendo a uma resposta, nosso curso de ação é claro: saia disso. Saia do quarto ou até mesmo do relacionamento. Se tomarmos uma atitude neste momento, não há como as coisas avançarem.

Às vezes, ao ponderarmos a fuga, surgem em nossa mente as implicações negativas de fazê-lo, então, ao invés de tomarmos uma decisão radical, simplesmente decidimos desviar a tentação. Em alguns momentos isso funciona, mas na maioria das vezes não. Não podemos errar, se seguirmos a instrução de Paulo, independente das consequências. Lembre-se de José.

> *Afasta o teu caminho da mulher adúltera e não te aproximes da porta da sua casa.* (Provérbios 5.8)

Ter sabedoria neste tipo de situação envolve mais do que apenas conhecer o que a Bíblia diz sobre isso. Afinal, crentes que caem nesta área geralmente sabem o que diz a Bíblia, mas têm cedido à tentação do mesmo jeito. A sabedoria que precisamos para evitar cair em pecado sexual é o temor do Senhor. O melhor meio de fugir da tentação é cultivar uma confiança inabalável em Deus, que esteja arraigada na convicção de que o caminho de santidade que Ele traçou para cada um de nós conduzirá à prosperidade mental, emocional e espiritual. Este é o temor do Senhor em ação.

PROTEGENDO O CASAMENTO

A mulher sábia, seja solteira ou casada, reconhece que o pecado sexual é uma violação do matrimônio, e por esta razão, ela procura proteger não apenas o seu próprio casamento, como também o dos outros.

A primeira proteção é reconhecer que a proteção é necessária, pois todos estamos sujeitos a cair em pecado sexual. Tanto homens quanto mulheres são suscetíveis, e isso inclui homens e mulheres crentes. É insensatez pensar que só porque somos crentes ou temos um ministério bem sucedido estamos acima disso. De fato, os que estão mais propensos a caírem são aqueles que acham que nunca cairão. "Aquele, pois, que pensa estar em pé veja que não caia" (1 Coríntios 10.12). Quantas vezes já ouvimos as pessoas dizerem, ao ouvirem de algum crente que se envolve em um caso amoroso: "Como isso pode ter acontecido? Pensei que ela era crente!" A verdade é que pensamos que os crentes são menos tentados a pecarem desta forma, mas se isso fosse verdade, a Bíblia, que foi escrita especificamente para o povo de Deus, não estaria repleta de tantas advertências sobre isso.

O adultério é um ataque direto ao casamento, não apenas uma violação dele; é a quebra voluntária da união ordenada por Deus. E a consequência do adultério é sempre amarga. Você já ouviu falar de alguma relação adúltera que não tenha resultado em amargura? O que vemos no mundo ao nosso redor e em nossas próprias experiências confirma a veracidade disso. Também afirma a Palavra de Deus:

> *O que adultera com uma mulher está fora de si;*
> *só mesmo quem quer arruinar-se é que pratica tal coisa.*
> *Achará açoites e infâmia, e o seu opróbrio nunca se apagará.*
> *(Provérbios 6.32-33)*

Não há nada tão prejudicial ao casamento como o adultério. Jesus disse: "Qualquer que repudiar sua mulher, exceto em caso de relações sexuais ilícitas, a expõe a tornar-se adúltera; e aquele que casar com a repudiada comete adultério" (Mateus 5.32). As palavras de Jesus mostram que o pecado sexual pode destruir um casamento. E se o divórcio acontecer como consequência, Deus é ofendido. Jesus pode ter dado uma saída a um cônjuge traído, mas isso não significa que tomar esta saída é algo agradável a Deus. Ele nunca fica feliz com o divórcio, não importa a causa, o que coloca o cônjuge traído num terrível dilema: permanecer num casamento rompido, sem confiar, ou deixar o cônjuge e ofender a Deus. Ainda que o casamento permaneça, a consequência do adultério é amargura.

Os pais do rei Salomão, o autor principal de Provérbios, se uniram em um relacionamento adúltero. A mãe de Salomão, Bateseba, era casada com um homem chamado Urias, mas ela dormiu com o Rei Davi, o pai de Salomão, enquanto Urias estava fora, servindo no exército. Como consequência, Bateseba ficou grávida, e Davi arquitetou um plano para impedir Urias de descobrir seu feito. Mas o plano falhou, então Davi mandou matar Urias numa batalha. Foi tudo em vão. Deus julgou o ato de adultério, permitindo que o bebê de Bateseba morresse. Você pode ler tudo sobre isso em 2 Samuel 11. O adultério sempre leva a mentiras e perdas – cem por cento das vezes. Uma vez que todos nós estamos sujeitos a isso, o primeiro modo de nos salvaguardar é admitirmos humildemente que estamos sujeitos à isso.

A segunda forma de proteção é cultivar a gratidão por nosso casamento e pelo casamento em geral.

> *Seja bendito o teu manancial, e alegra-te com a mulher da tua mocidade, corça de amores e gazela graciosa. Saciem-te os seus seios em todo o tempo; e embriaga-te sempre com as suas carícias.*
> *Por que, filho meu, andarias cego pela estranha e abraçarias o peito de outra?* (Provérbios 5.18-20)

"É mais fácil falar do que fazer", você pode estar pensando. "Você não tem um marido como o meu". Mas essa não é a questão. Muito provavelmente, muitos dos homens que procuravam seguir a instrução deste provérbio não eram casados com uma corça de amores, nem com uma gazela graciosa. O instrutor não estava tentando ser uma idealística Pollyanna. É muito provável que ele estivesse orientando seus alunos sobre a importância de ver seu cônjuge à uma luz específica, e nós podemos fazer o mesmo. Seu marido pode não ser o príncipe charmoso que você achava antes, mas você escolheu se casar com ele por alguma razão. Qual era esta razão? Pense. Traga à sua mente as boas qualidades dele e foque nelas, em lugar de se apegar às decepções e características que você acha tão irritantes agora.

Você luta com isso? A maioria dos casados lutam, de uma maneira ou de outra, mas Deus que ama abençoar aquilo que ordenou, ajudará você a renovar seu deleite matrimonial, se você estiver disposta a ser ajudada.

Sempre que estou lutando com o descontentamento, descubro que uma maneira de sair disso é praticando a gratidão. Ultimamente, minha luta passou a envolver o lugar onde vivo. Vivo numa moradia coletiva, e meu vizinho de cima tem o pé pesado. Além disso ele é jovem, o que significa que tem energia para ficar fora de casa até as 2 da madrugada nos fins de semana, e uma ou duas vezes durante a semana. Eu, por outro lado, tenho o sono leve, e não sendo jovem, penso que estar acordada as dez da noite é estar acordada até tarde. A diferença em nossos estilos de vida poderiam tão facilmente criar uma discórdia entre vizinhos, mas pela graça de Deus nos damos bem. Eu expresso minha gratidão a Deus por isso. E trago à memória o tempo que este vizinho pegava minha correspondência, quando eu esquecia de pedir para que os correios a guardasse para mim, durante uma viagem, e uma outra ocasião quando ele levou minha árvore de Natal descartada por mim após as festividades, para ser recolhida na calçada. E eu me recordo que ele fez duas viagens ao Iraque, como fuzileiro naval. Eu também oro por ele, e descobri que se oro quando estou mais irritada, o aborrecimento se dissipa. Orar por alguém é um ato de amor, e a irritação tende a desaparecer diante do amor em ação.

Se tudo isso parece um pouco piedoso, deixe-me rapidamente acrescentar que lembrar aquelas qualidades, e ainda orar por alguém, em meio a uma dificuldade de relacionamento, ajuda a superar o descontentamento, porque é algo realizado no temor do Senhor. Em outras palavras, é uma consequência de nos firmarmos em Cristo, em meio à dificuldade e de nos deixarmos transformar neste processo. Através de nossa união com Cristo, descobriremos que somos sempre mais capacitados a agradar aqueles que nos irritam, seja um vizinho, uma amiga ou um cônjuge, e quando se trata do esposo, há uma dimensão a mais, o selo de Deus sobre o relacionamento. Aquele que ordenou o casamento, em geral, ordenou o seu, em particular, e Ele se importa mais com o bem estar do seu casamento do que com qualquer outro relacionamento humano que você tenha. Ele não está cego às dificuldades, grandes e pequenas. Ele não é alheio à sua perda de respeito por seu marido, ou à dor que você sente porque seu esposo parou de falar com você. Seja qual for o problema, você será capacitada a viver em paz e valorizar seu casamento – mesmo quando não vê nenhuma mudança – se você se apegar a Cristo mais do que aos seus ideais para seu esposo e seu casamento. Se o seu casamento é difícil, valorize-o assim mesmo, porque Deus o valoriza.

Sejamos solteiras ou casadas, todas nós somos chamadas à valorizar o casamento, simplesmente porque Deus o valoriza. Isto pode ser difícil, não somente para mulheres com lutas no casamento, mas também para mulheres solteiras que anseiam por se casarem. A própria ideia de que elas devem valorizar e proteger algo que não possuem pode criar ressentimento. Entretanto, a mulher sábia, casada ou solteira, valoriza o casamento.

Outro importante meio de proteção do casamento – seu ou dos outros – é mergulhar na Palavra de Deus:

> Porque o mandamento é lâmpada, e a instrução, luz;
> e as repreensões da disciplina são o caminho da vida;
> para te guardarem da vil mulher e das lisonjas da mulher alheia.
> (Provérbios 6.23-24)

É necessário humildade para reconhecer e admitir que podemos cair dessa maneira, sem a dependência do Espírito Santo e das Escrituras. Não somos fortes o suficiente para suportar, por nós mesmas, determinadas tentações, e nem é o melhor dos casamentos.

A quarta forma de proteção é: não caia na mentira de que ninguém se ferirá.

> Tomará alguém fogo no seio, sem que as suas vestes se incendeiem?
> Ou andará alguém sobre brasas, sem que se queimem os seus pés?
> Assim será com o que se chegar à mulher do seu próximo;
> não ficará sem castigo todo aquele que a tocar. (Provérbios 6.27-29)

Quando acontece um adultério, alguém sempre sai ferido. A curto prazo é, geralmente, o cônjuge traído e os filhos do casamento rompido. A longo prazo é o cônjuge que se envolve no adultério e seu ou sua companhia, pois não apenas o seu relacionamento foi forjado em fundamentos ilícitos, como também abrange duas pessoas com caráter imoral. A questão final é a seguinte: se uma mulher abandona o marido porque sente que não o ama mais, isso é imoral. Se ela alega que sua atitude tem aprovação de Deus porque Deus quer que ela seja feliz, isso é uma blasfêmia.

A quinta forma de proteção que devemos cultivar dentro do casamento é uma vida sexual ativa e saudável.

> *Bebe a água da tua própria cisterna e das correntes do teu poço.*
> *Derramar-se-iam por fora as tuas fontes, e, pelas praças, os ribeiros de águas?*
> *Sejam para ti somente e não para os estranhos contigo.*
> *Seja bendito o teu manancial, e alegra-te com a mulher da tua mocidade, corça de amores e gazela graciosa. Saciem-te os seus seios em todo o tempo; e embriaga-te sempre com as suas carícias.* (Provérbios 5.15-19)

A Bíblia não é hipócrita. De fato, em algumas partes ela é bastante clara sobre o sexo, como em Cântico dos Cânticos. E o Apóstolo Paulo francamente instruiu maridos e mulheres a não se privarem um ao outro: "O marido conceda à esposa o que lhe é devido, e também, semelhantemente, a esposa, ao seu marido" (1 Coríntios 7.3). E ele explica por quê: "por causa da impureza, cada um tenha a sua própria esposa, e cada uma, o seu próprio marido" (v.2). Provérbios 5.15-19 mostra a mesma instrução, a qual é esclarecida no próximo verso: "Por que, filho meu, andarias cego pela estranha e abraçarias o peito de outra?" (5.20). Derek Kidner escreve: "É muito importante ver o deleite sexual no casamento como dom de Deus; e a história confirma que quando o casamento é visto principalmente como um contrato de negócios, não apenas Deus é grandemente incompreendido, como a paixão humana busca outras fontes (v. 20)."[4] O meio de evitar tentações de pecado sexual é viver o sexo com seu próprio cônjuge.

Este tipo de instrução pode ser desanimador para aqueles que, por uma razão ou outra, experimentam um período em que o sexo é algo mais para ser suportado do que para ser deleitado. Isto não é incomum para mulheres que lidam com o esgotamento de cuidar de um bebê ou para mulheres na menopausa, e todos os casais passam por períodos onde o sexo é apenas a mesma velha rotina. Mas a vida é assim, não apenas em seu casamento, mas em tudo. Talvez Deus não tencionou que aquela paixão ardente que caracterizava o primeiro ano de seu casamento durasse para sempre. Se ela continuou, talvez seja porque você nunca saiu da cama para tomar as responsabilidades da vida cotidiana. Nós, seres humanos, somos muito egocêntricos, por isso, talvez, Deus tenha designado aquela paixão inicial simplesmente para levar-nos ao casamento. Fora aquela tensão sexual, há muitos que poderiam nunca estar dispostos a perseverar e abraçar a morte do interesse próprio que o casamento necessita.

Então, se este é o caso, não é esta determinada proteção do estado matrimonial um pouco idealística? Não, uma vez que a Palavra de Deus determina esta proteção. Talvez, nós precisemos vê-la de modo um pouco diferente. Pode ser que estejamos retratando o "deleite" de Provérbios 5.19 como sentimentos de intensa paixão sexual, mas porque fixarmos nisso? Não há deleite, simplesmente, na unidade e intimidade e no fato de que, no desígnio de Deus, o sexo promove o amor? Se o que se requer para um casamento prazeroso são duas pessoas que precisam ficar o tempo todo de mãos dadas, então nem Provérbios nem Paulo se sentiriam compelidos a instruir cônjuges a continuarem se unindo de modo sexual. Nós encontraremos prazer se bebermos água de nossa própria cisterna, com ou sem paixão ofegante.

Às vezes, é claro, existem obstáculos, e algumas mulheres não têm cisterna alguma. Mas nenhuma de nós está realmente sem bem, porque Jesus é o nosso bem supremo e permanente. Para a mulher que havia tido cinco maridos e um amante, e nunca encontrou o que estava procurando, Ele disse: "Se conheceras o dom de Deus... tu lhe pedirias, e ele te daria água viva" (João 4.10). Ele é a nossa água viva, e desta água podemos beber sempre, independente de nosso estado civil. Podemos descansar nEle, quanto às falhas de nosso casamento. Podemos descansar nEle, se não temos casamento. Quando bebermos da Sua fonte, descobriremos que tudo que precisamos é resistir a procurar por amor nos lugares errados.

A sexta forma de proteção é cultivar um ciúme piedoso. Em outras palavras, proteger seu casamento. Não permitir que outros entrem no espaço íntimo que você divide com seu esposo. Pensamos em ciúme como algo pecaminoso, e ele é, quando surge de um desejo em ter aquilo que pertence a outrem. Mas ele não é pecaminoso, quando se trata de proteger aquilo que Deus nos deu. O ciúme piedoso funciona como aquela luz indicadora, que começa a ficar vermelha no painel do carro quando algo está errado com o motor. O ciúme em nosso casamento reflete o ciúme de Deus para com Seu povo. Durante todo o Antigo Testamento vemos que Deus tem ciúme ardente, quando Seu povo O trai com outros deuses (veja Deuteronômio 32.16; 1 Reis 14.22; Salmo 78.58; Ezequiel 5.13), e sua ira ao ser traído se reflete na ira do marido traído de Provérbios:

> Porque o ciúme excita o furor do marido; e não terá compaixão no dia da vingança. (Provérbios 6.34).

Um jovem pastor e sua esposa convidaram uma jovem mulher que passava por lutas para viver em sua casa, por um período indefinido de tempo. Mas ela era uma mulher jovem e atraente, e enquanto todas as intenções naquelas circunstâncias eram boas, toda a situação foi uma má ideia. Um mês nestas circustâncias, a esposa compartilhou comigo seu desconforto com a situação. Sugeri que ela fosse para casa e expressasse seu desconforto imediatamente a seu marido. Ela o fez, e juntos eles ajudaram aquela jovem mulher a se mudar antes que a semana terminasse. O ciúme da mulher era bom e correto, assim como a resposta do marido.

Juntos, eles aprenderam uma lição sábia e prática: a não ser por outra opção razoável (não necessariamente ideal, mas razoável) uma mulher jovem e atraente não deve viver com um casal.

Outro casal que conheço está enfrentando um tempo difícil em seu casamento. Alguns meses atrás, a esposa confessou ao marido sua luta com sentimentos homossexuais, e desde a sua confissão eles estão tentando enfrentar esta triste realidade. Contudo, recentemente, ela desenvolveu uma amizade próxima com uma mulher que entende sua luta. O marido tem ciúmes com razão, mas tem medo de falar com a esposa, porque a nova amizade dela tem levantado seu ânimo. Ele seria sábio se expressasse rapidamente e sem reservas.

Imoralidade, seja antes, durante ou depois do casamento; seja mental, emocional ou física, é sempre rebelião contra Deus. Crentes podem cair e o fazem. E na realidade, todos nós somos culpados em vários níveis. Você pensa que não é? Veja as palavras de Jesus em Mateus: "Ouvistes que foi dito: Não adulterarás. Eu, porém, vos digo: qualquer que olhar para uma mulher com intenção impura, no coração, já adulterou com ela" (Mateus 5.27-28). Você nunca olhou para outra pessoa com pensamentos de luxúria? Talvez, você seja uma rara exceção que nunca tenha feito isso. Mas, veja o que o Catecismo Maior de Westminster tem a dizer sobre isso e veja se você não está mais parecida com a mulher imoral de Provérbios do que talvez pensava:

> Os deveres exigidos no sétimo mandamento são: castidade no corpo, mente, afeições, palavras e comportamento; e a preservação dela, em nós mesmos e nos outros; a vigilância sobre os olhos e todos os sentidos; a temperança, a conservação da sociedade de pessoas castas, a modéstia no vestuário, o casamento daqueles que não têm o dom da continência, o amor conjugal e a coabitação; o trabalho diligente em

nossas vocações; o evitar todas as ocasiões de impurezas e resistir às suas tentações. Os pecados proibidos no sétimo mandamento, além da negligência dos deveres exigidos, são: adultério, fornicação, rapto, incesto, sodomia e todas os desejos antinaturais; todas as imaginações, pensamentos, propósitos e afetos impuros; todas as comunicações corruptas ou torpes, ou ouvir as mesmas; os olhares lascivos, o comportamento imprudente ou leviano; o vestuário imoderado; a proibição de casamentos lícitos e a permissão de casamentos ilícitos; o permitir, tolerar ou ter bordéis e frequentá-los; os votos embaraçadores do celibato; a demora indevida do casamento; o ter mais que uma mulher ou mais que um marido ao mesmo tempo; o divórcio ou o abandono injusto do casamento; a ociosidade, a glutonaria, a bebedice, a sociedade impura; cânticos, livros, gravuras, danças, espetáculos lascivos e todas as demais provocações à impureza, ou atos de impureza, quer em nós mesmos, quer nos outros.

À luz destas coisas, o que devemos fazer? Todas nós somos ou fomos a mulher imoral, de uma forma ou de outra. Se nada nesta descrição se encaixa em nosso presente estado, fazemos bem em considerar o que Jesus disse à mulher adúltera que foi trazida diante dele: "Erguendo-se Jesus e não vendo a ninguém mais além da mulher, perguntou-lhe: Mulher, onde estão aqueles teus acusadores? Ninguém te condenou?... Nem eu tampouco te condeno; vai e não peques mais" (João 8.10-11)

Talvez haja algo no Catecismo que descreva um tempo antigo de sua história pessoal, um pecado particular do qual tenha se arrependido há muito tempo atrás. Podemos, então, considerar as mulheres que Deus colocou na linhagem de Jesus. Tamar, que fingiu ser uma prostituta e dormiu com seu padrasto. Raabe, que realmente era uma meretriz. E Bateseba, que teve um concubinato com o rei, enquanto seu marido estava fora. As três tiveram um passado sórdido; entretanto, mais tarde, foi-lhes dado um lugar honrado na história redentiva.

Se você está cheia de pesar sobre um pecado sexual passado e acredita que pode perder bênçãos futuras e utilidade no serviço a Deus, basta olhar para algo que Deus prometeu a Seu povo, se quisessem se arrepender de seu adultério espiritual:

> *Restituir-vos-ei os anos que foram consumidos pelo gafanhoto migrador,*
> *pelo destruidor e pelo cortador, o meu grande exército que enviei contra vós outros.*
> *Comereis abundantemente, e vos fartareis, e louvareis o nome do SENHOR,*
> *vosso Deus, que se houve maravilhosamente convosco;*
> *e o meu povo jamais será envergonhado. (Joel 2.25-26)*

A respeito desta passagem do profeta Joel, James Boice escreve:

Não podemos desfazer o que está feito. Pecado é pecado, e os efeitos do pecado, em geral, continuam por longos períodos. Mas Deus pode restaurar o que os gafanhotos consumiram. Oportunidades podem ter sido perdidas, mas Deus pode conceder novas e melhores oportunidades. Amigos podem ter sido alienados e podem ter se afastado, mas Deus pode dar novos amigos e restaurar muitas das antigas amizades. Deus pode aniquilar o poder do pecado e restaurar a santidade e alegria pessoal que não se teria imaginado possuir, durante o tempo da rebeldia. Você é alguém cuja vida foi destruída pelos gafanhotos do pecado? O pecado tem despojado sua vida de toda a plantação, a ponto dela parecer um deserto espiritual? Se isso tem acontecido, você precisa voltar para Aquele que pode fazer com que a vida frutifique novamente. Somente Deus pode restaurar os anos que foram consumidos.[5]

Parte 3
Uma imagem da sabedoria

Mulher virtuosa, quem a achará? O seu valor muito excede o de finas jóias.
O coração do seu marido confia nela, e não haverá falta de ganho.
Ela lhe faz bem e não mal, todos os dias da sua vida.
Busca lã e linho e de bom grado trabalha com as mãos.
É como o navio mercante: de longe traz o seu pão.
É ainda noite, e já se levanta, e dá mantimento à sua casa e a tarefa às suas servas.
Examina uma propriedade e adquire-a;
planta uma vinha com as rendas do seu trabalho.
Cinge os lombos de força e fortalece os braços.
Ela percebe que o seu ganho é bom; a sua lâmpada não se apaga de noite.
Estende as mãos ao fuso, mãos que pegam na roca.
Abre a mão ao aflito; e ainda a estende ao necessitado.
No tocante à sua casa, não teme a neve, pois todos andam vestidos de lã escarlate.
Faz para si cobertas, veste-se de linho fino e de púrpura.
Seu marido é estimado entre os juízes, quando se assenta com os anciãos da terra.
Ela faz roupas de linho fino, e vende-as, e dá cintas aos mercadores.
A força e a dignidade são os seus vestidos,
e, quanto ao dia de amanhã, não tem preocupações.
Fala com sabedoria, e a instrução da bondade está na sua língua.
Atende ao bom andamento da sua casa e não come o pão da preguiça.
Levantam-se seus filhos e lhe chamam ditosa; seu marido a louva, dizendo:
Muitas mulheres procedem virtuosamente, mas tu a todas sobrepujas.
Enganosa é a graça, e vã, a formosura,
mas a mulher que teme ao SENHOR, essa será louvada.
Dai-lhe do fruto das suas mãos, e de público a louvarão as suas obras.
(Provérbios 31.10-31)

CAPÍTULO 9

A MULHER DE PROVÉBIOS 31

Nos Estados Unidos, há uma série televisiva muito popular chamada *The Good Wife*. O programa é focado numa personagem chamada Alicia Florrick, que é interpretada por Julianna Margulies. No programa ela é a esposa de um político de Chicago. Assistindo a apenas um episódio já se pode compreender o nome do programa. Alicia Florrick dá apoio a seu marido, quando ele é preso e acusado de corrupção, apesar de seu respeito por ele diminuir, assim como seus votos matrimoniais. Não se pode deixar de sentir pena dela. Seu casamento na ficção é a antítese do que vemos em Provérbios 31, que é demonstrado na vida da esposa.

Quem é esta mulher, esta esposa, mencionada no capítulo final de Provérbios? Já conversei com muitas mulheres que não se agradam dela. Ela é muito perfeita, e pessoas perfeitas intimidam. Talvez, você seja uma dessas mulheres que preferem pular o capítulo final de Provérbios. Se assim for, você ficará feliz em saber que ela não era uma pessoa de verdade.

Provérbios 31.10-31 é um poema escrito em forma de acróstico, onde cada estrofe começa com uma letra diferente do alfabeto, e neste caso, o alfabeto hebraico. (O Salmo 119, um poema sobre a Palavra de Deus, é organizado da mesma forma). Falando poeticamente, ela é a mulher ideal, e o ponto central do poema é mostrar aos jovens homens que características eles devem procurar numa esposa. Doug O'Donnell apresenta este poema naquilo que chamamos de estrutura "quiástica":

    A. *O alto valor de uma esposa excelente (verso 10)*
      B. *Os benefícios do marido (versos 11-12)*
        C. *Seu trabalho diligente (versos 13-19)*
          D. *Sua bondade em ações (verso 20)*
            E. *Destemida [quanto ao presente] (verso 21)*
              F. *Vestindo sua casa e a si mesma (verso 21b-22)*
                G. *O renomado respeito de seu marido (verso 23)*
              F'. *Vestindo a si e aos outros (versos 24-25)*
            E'. *Destemida [quanto ao futuro] (verso 25b)*
          D'. *Seu ensino bondoso (verso 26)*
        C'. *Seu trabalho diligente (verso 27)*
      B'. *O Elogio do marido de dos filhos (versos 28-29)*
    A'. *O alto valor de uma excelente esposa (versos 30-31)*

E ele descreve o poema da seguinte maneira:

Você vê como o poeta toma vários temas semelhantes e, a partir de ambos os lados, vai formando as estrofes em direção ao centro? Se começarmos pelo lado de fora, os temas da primeira e da última linha são idênticos – o alto valor de uma excelente esposa. E, ao continuarmos

seguindo de fora para dentro, vemos como o tema de uma estrofe superior casa com o da estrofe inferior. Este "estreitamento" no tema principal nos leva ao centro: o ponto poético e prático da passagem. Qual é o ponto central de Provérbios 31.10-31? É o versículo 23: "Seu marido é estimado entre os juízes, quando se assenta com os anciãos da terra". Agora, você poderia pensar, "Seu marido? Como pode ser? Como este poema pode falar a respeito dele? Isso não faz sentido! Apenas olhe o começo e o assunto de quase todos os versículos. Olhe todos aqueles versos onde "ela" é o assunto – versos 12, 13, 14, 15, 16, 17, 18, 19, 20, 21, 22, 24, 25, 26, 27. Este poema não fala a respeito do marido, e sim da esposa! E então o verso 23... bem, talvez seja apenas uma espécie de digressão poética, ou talvez este "marido" seja apenas uma frustração. Sim, é isso! Ele é uma frustração para a mulher forte, eficiente e bem sucedida. Pois, enquanto ela corre de um lado a outro, ocupada com todo o seu serviço, o que ele faz? Fica assentado! Ele se assenta na entrada da cidade. Enquanto ela trabalha duro com as mãos – plantando, comprando, vendendo, tecendo, semeando, ele parece estar sentado 'na dele'".
É natural pensarmos assim. No entanto, seja qual for a nossa impressão inicial, devemos reconhecer que o verso 23 não é uma digressão do objetivo do autor. "Ela" pode ser a personagem principal, mas "ele" é o público do autor. Ele é o único que vê o objetivo deste ponto: esta mulher, descrita em cada verso, menos em um, é "o tipo de mulher que um homem precisa para ser bem sucedido na vida". O verso 23, que declara o respeito que seu marido recebe dos mais importantes líderes da cidade, os "anciões", não é um erro. Pelo contrário, é o alvo deste poema, atingindo o cerne de seu público alvo, os jovens. Este é um livro para os rapazes, é um poema para os jovens.[1]

O homem que escolhe uma esposa como a descrita neste poema é sábio, de fato, e consequentemente, sua vida será abençoada. Por todo o livro de Provérbios há versos bem claros que afirmam que a esposa escolhida por um homem pode edificá-lo ou destruí-lo.

Os mesmos princípios permancem hoje – a escolha de uma esposa influenciará grandemente o curso da vida de um homem. E o mesmo ocorre conosco, mulheres. Aquele com quem nos casarmos, determinará grandemente onde e como nossas vidas serão vividas. Acima de tudo, a necessidade de sabedoria é de vital importância, quando se trata de amor, romance e casamento. Não é apenas uma questão de bem estar pessoal, mas também de refletirmos a bondade e a glória de Deus em nossas famílias e aos que nos rodeiam.

Portanto, o poema não é apenas para aqueles que buscam um casamento, ou para os que já são casados. Apesar dela ser uma esposa, ela é uma mulher, e piedosa. Ela é a imagem da sabedoria feminina. E ao estudarmos esta mulher, podemos nos perguntar não apenas se somos o tipo de mulher que um homem seria sábio em escolher para esposa, mas também – e ainda mais importante – se nosso coração e nossa vida refletem sua sabedoria, independentemente de sermos casadas, solteiras, divorciadas ou viúvas.

Apesar desta mulher ser apresentada como ideal, não a acharemos intimidante, se procurarmos aplicar da maneira certa o seu exemplo à nossa vida. O erro está em tomarmos Provérbios 31.10-31 como uma fórmula para estruturarmos nossa vida cotidiana. Se apenas observarmos os detalhes do poema, veremos que isso é fisicamente impossível, e até a estrofe de abertura do poema deixa claro que seus padrões não são fáceis de alcançar:

Mulher virtuosa, quem a achará? O seu valor muito excede o de finas jóias.
(Provérbios 31.10)

Sendo assim, fazemos bem em ver o poema como um desafio convidativo e não como uma condenação do que ainda não alcançamos. O que podemos aprender dela é uma atitude de coração – um coração que lhe permite viver a vida que ela vive. Sua vida é uma imagem do que acontece, quando todo o resto de Provérbios se aplica a ela. Ela exemplifica a sabedoria.

Uma leitura deste poema em Provérbios, revela que ela faz parte de um rico lar. Quando vemos isso, podemos nos sentir tentadas a pensar que seria fácil viver como ela se tivéssemos muito dinheiro, para que não fosse preciso trabalhar tanto, e que poderíamos, então, sentar e aprender sobre a sabedoria, mas deixaríamos de entender a questão. O fato de o poema descrevê-la como uma pessoa rica tem como objetivo ilustrar um ponto chave de Provérbios: aqueles que vivem com sabedoria, geralmente, prosperam. Em outras palavras, a sabedoria foi o que levou a enriquecer e não a riqueza que levou à sabedoria. A mulher descrita aqui é um exemplo do que acontece quando a vida é vivida da maneira como Deus deseja, e do modo como é revelada em todo o livro de Provérbios.

Com esta introdução em mente, vejamos, nas formas mais específicas, como esta mulher retrata a sabedoria.

Como esposa

O poema, em sua totalidade, nos mostra que ela vive com sabedoria seu chamado matrimonial; entretanto, há somente poucos versos que especificamente abordam seu relacionamento com o marido. Um dos versos nos diz o seguinte:

O coração do seu marido confia nela, e não haverá falta de ganho.
(Provérbios 31.11)

Ela é digna de confiança. A melhor maneira de uma mulher ser sábia em seu casamento é sendo alguém em quem os outros – e, especialmente, seu marido – podem confiar. Seu marido pode sair e fazer aquilo que é chamado a fazer, com a certeza de que os assuntos de sua casa estão seguros nas mãos de sua esposa. Os esforços dela apoiarão os dele.

Seu marido confia em você? Que nível de confiança ele tem quando se trata das finanças da família? Ele fica tranquilo com suas interações com os colegas de trabalho dele? Ele confia a você suas confidências, as coisas que ele compartilha com você e somente com você? Ele se sente seguro com você, por sempre edificá-lo em sua fé e em seus esforços em liderar a família? Como você lida com seus fracassos?

Às vezes, ficamos tão preocupadas se nosso marido está atendendo às nossas necessidades, e com o tipo de homem que achamos que ele deveria ser, que paramos de ajudá-lo a realmente fazer e ser quem Deus o chamou para ser. Procuramos moldar nossa vida e a de nosso marido de acordo com nossas expectativas, em lugar da Palavra de Deus. Uma esposa confiável é aquela que se preocupa mais em fazer o bem a seu esposo do que em esperar que ele lhe faça bem.

Mulheres solteiras fazem o mesmo quando se trata de considerar o futuro marido. Já ouvi muitas mulheres solteiras reclamarem: "Todos os bons rapazes já se casaram!" Mas talvez, elas não tenham considerado o fato de que o casamento feito à maneira de Deus é um grande componente na formação de um "bom homem". Se descartarmos um provável companheiro porque ele não ganha um alto salário, ou porque não tem a mínima semelhança física com Brad Pitt, ou porque não consegue conjugar um verbo grego, seria bom nos perguntarmos por que queremos um companheiro. Estamos buscando alguém para satisfazer nossas necessidades, ou estamos procurando alguém a quem dedicar o nosso amor?

Se acharmos frustrante o nosso caminho para o amor, seja no casamento ou antes dele, é melhor pararmos e considerarmos se as nossas expectativas pessoais são um fator contribuinte. Deus promete abençoar, mas Ele não promete realizar isso do nosso jeito. Um bom primeiro passo na reorientação de nossas prioridades conjugais é deixar de lado nossas expectativas. Se o homem de nossa vida não se encaixa na longa lista de qualidades de um bom rapaz, o que importa é se ele procura ser o tipo de homem que Paulo descreve em Efésios: "Maridos, amai vossa mulher, como também Cristo amou a igreja e a si mesmo se entregou por ela, para que a santificasse, tendo-a purificado por meio da lavagem de água pela palavra, para a apresentar a si mesmo igreja gloriosa, sem mácula, nem ruga, nem coisa semelhante, porém santa e sem defeito. Assim também os maridos devem amar a sua mulher como ao próprio corpo. Quem ama a esposa a si mesmo se ama" (Efésios 5.25-28).

As qualidades que achamos neste texto são as que importam. As mulheres solteiras serão sábias se riscarem "olhos azuis" e "tipo físico perfeito" de sua lista de qualidades e substituí-los por "amor sacrificial demonstrado" e "desejo por santidade da família". Não obstante, a mulher sábia, seja casada ou solteira, deve aceitar o fato de que nunca terá um marido totalmente como descrito em Efésios 5. O marido exemplificado ali é o ideal, assim como a mulher de Provérbios 31 é. Se um homem sai em busca de uma mulher realmente como a de Provérbios 31, é muito provável que ele nunca vai se casar. Da mesma forma, se nós desprezarmos todo homem que não viva exatamente como descrito em Efésios 5, nós ficaremos sozinhas. Afinal, qual é o sentido de ser uma auxiliadora idônea, como Deus nos designou a ser, se nos casarmos com alguém que não precisa de auxílio?

A mulher sábia em seu casamento é confiável, porque não se concentra em suas expectativas egocêntricas. Ela não vê o casamento como um veículo de autosserviço para realização pessoal, e dessa forma:

Ela lhe faz bem e não mal, todos os dias da sua vida. (Provérbios 31.12)

UMA ADMINISTRADORA DO LAR

Outra coisa que faz esta mulher sábia é a forma como ela administra a vida doméstica. Há muitos anos atrás, li um artigo no qual a autora disse que todas as mulheres eram chamadas a serem donas de casa. Fiquei imediatamente intrigada. E me perguntei: onde entram as mulheres solteiras? Por mais que desejemos, se deixarmos nosso emprego e ficarmos em casa, como é que as contas serão pagas? Fiquei pensando sobre aquele artigo por muitos dias. Só mais tarde vim a entender o que aquela autora quis dizer, e que ela estava certa. Ela estava se referindo ao cuidado do lar não tanto como um trabalho, mas como um estilo de vida.

Em primeiro lugar, solteiras ou casadas, todas nós vivemos em algum lugar. Algumas de nós moramos sozinhas; outras, vivem com a família ou com colegas de quarto. Algumas de nós vivem em grandes condomínios e outras em pequenos apartamentos. Mas, onde quer que moremos, ali é um lar. Além disso, há o fato de que Deus nos designou como educadoras, e o lar é um lugar natural para vivermos isso, se dedicarmos nosso instinto de nutrir àqueles que vivem conosco ou aos que vivem próximos de nós. E algumas de nós têm animais de estimação para cuidar. Eu ainda não encontrei uma mulher, mesmo entre aquelas do tipo "minha carreira é minha vida" que não se envolva na arte do cuidado do lar.

Nós desenvolvemos nosso instinto de cuidado sempre que penduramos um quadro, escolhemos um novo sofá, assamos um bolo ou cultivamos um jardim. Fazemos isso quando colocamos um tapete de boas-vindas na porta da frente, e fazemos isso quando gastamos dinheiro para fazer manutenção nos eletrodomésticos. As mulheres, em particular, estão mais inclinadas a esses detalhes. Gostemos disso ou não, é a função que nos foi dada por Deus. De minha parte, eu gosto. Acredito que há algo profundamente gratificante em criar e manter um lar aconchegante e confortável, e em convidar outros a compartilhar disso.

Para esposas e mães, o cuidado do lar não se trata apenas de manter a casa, mas também de cuidar do bem estar de seus ocupantes. Este é o caso da mulher de Provérbios 31, e para ela este era um trabalho de tempo integral, com bastante hora extra.

Busca lã e linho e de bom grado trabalha com as mãos.
É como o navio mercante: de longe traz o seu pão. (Provérbios 31.13-14)

É ainda noite, e já se levanta, e dá mantimento à sua casa e a tarefa às suas servas.
...a sua lâmpada não se apaga de noite. (Provérbios 31.15-18)

Estende as mãos ao fuso, mãos que pegam na roca. (Provérbios 31.19)

Atende ao bom andamento da sua casa e não come o pão da preguiça.
(Provérbios 31.27)

Ela estava ocupada manhã, tarde e noite. Aqui é o momento apropriado para um lembrete: não temos que aplicar este poema em nossa vida de maneira literal. Só porque ela levantava antes do amanhecer e trabalhava muito à noite, não significa que devemos fazer o mesmo, a fim de sermos donas de casa piedosas. São os princípios que devemos encontrar e aplicar, e um desses princípios diz respeito ao uso sábio do tempo.

Ela redime o tempo

A forma como usamos nosso tempo sempre vai ser moldada pelo modo como vemos nosso tempo. Nós vemos isso como um presente ou como um direito? Aqueles que veem o tempo como um presente podem repetir com o Salmista, que disse: "Ensina-nos a contar os nossos dias, de modo que alcancemos corações sábios" (Salmo 90.12). Estes percebem que o seu tempo é realmente um bem dado por Deus, o qual estão investindo para a glória de Deus. Eles estão cientes do fato que uma hora perdida nunca mais poderá ser recuperada.

Por outro lado, aqueles que veem o tempo como um direito tendem a acumular suas horas para o prazer egoísta, e, muitas vezes, se ressentem por terem que investir energia em servir a outros – inclusive a Deus. Chorei de remorso algum tempo atrás, quando percebi o quanto eu poderia ser culpada por desperdiçar meu tempo. Estive vivendo um período bastante cheio com palestras, e para completar ainda tinha um prazo para entrega de um livro. Além disso, tinha responsabilidades crescentes em meu local de trabalho de tempo integral. Senti-me totalmente sobrecarregada. Mas, em vez de lançar-me em Cristo e descansar na força que Ele de bom grado nos supre, comecei a resmungar. Murmurar me levou onde isso sempre leva – a uma parede. Eu tinha ficado paralisada pelo volume de projetos sobre mim e me achei incapaz de avançar em qualquer um deles. Cheguei em casa um dia, atirei-me em minha cama e clamei a Deus: "Eu simplesmente não consigo fazer mais isso, Senhor!" Durante o dia seguinte, e nos próximos, Ele respondeu meu clamor com a convicção de que meu problema tinha mais a ver com minha atitude do que com minha carga de trabalho. Não era a Sua capacitação que eu realmente queria. Era tempo livre. Em meu desejo de preencher mais horas com relaxamento e confortos pessoais, eu tinha deixado de ver que as minhas tarefas eram um presente, como todo trabalho para o Reino é. Ao escrever livros e dar palestras não estou fazendo um favor a Deus; Ele está me abençoando com o privilégio de fazer isso. Uma vez que pude ver o que tinha acontecido no meu coração, por causa de meu espírito possessivo em relação ao tempo, chorei por ter sido tão egoísta para com o Senhor, que fez tanto por mim, e então senti-me capaz de tomar sobre mim a carga novamente.

O princípio demonstrado aqui, em Provérbios, não é que o tempo livre deve ser preenchido com trabalho e que o lazer é algo pecaminoso. Pelo contrário, Deus se alegra quando desfrutamos dos prazeres da vida. Mas aqui, o princípio tem tudo a ver com nossa perspectiva: estamos empregando nosso tempo com propósito em tudo que fazemos, seja no trabalho ou no lazer? Nós trabalhamos com afinco e nos concentramos em nosso dever? O Apóstolo Paulo escreveu: "Portanto, vede prudentemente como andais, não como néscios, e sim como sábios, remindo o tempo, porque os dias são maus" (Efésios 5.15-16). E ainda: "Portai-vos com sabedoria para com os que são de fora; aproveitai as oportunidades" (Colossenses 4.5). A mulher de Provérbios 31 faz o melhor uso de seu tempo, que é o modo como o redime.

Remir nosso tempo não significa, necessariamente, realizar todas as tarefas de nossa lista. Mas pode significar a criação de uma lista mais curta de coisas a fazer, a fim de que possamos realizar melhor as tarefas. Remir nosso tempo, mais definitivamente, envolve considerar nossas escolhas de entretenimento. Se há a possibilidade de uma noite de relaxamento no sofá, remir o tempo significa nos concentrarmos naquilo que decidimos ver na TV, em vez de ficar trocando de canal, com nossa mente vagando. John Piper escreve:

> A TV ainda reina como grande destruidor da vida. O principal problema com a TV não é quanta sujeira está disponível, apesar disso ser um problema. Só os anúncios já são suficientes para lançar sementes férteis da cobiça e da luxúria, independentemente do programa que você esteja assistindo. O maior problema é a banalidade. Uma mente que diariamente se alimenta da TV, encolhe. Sua mente foi criada para conhecer e amar a Deus. Sua possibilidade de realizar este grande chamado é arruinada pelo excesso de TV. O conteúdo é tão trivial e tão superficial que a capacidade da mente, de ter pensamentos dignos, atrofia e a capacidade do coração sentir emoções profundas, encolhe.[2]

Nós não queremos ter a ideia de que o lazer é, na verdade, apenas mais trabalho disfarçado. Tanto o trabalho como o lazer verdadeiro servem a um propósito ordenado por Deus em nossa vida. Eclesiastes 3.1-10 nos mostra que, para cada momento, existe um propósito, e nesta passagem encontramos tanto o trabalho como as atividades de lazer. Isso é outra coisa que pode provar que a mulher de Provérbios 31 não era uma pessoa real – sua vida era só de trabalho e nenhum lazer! No entanto, podemos aprender com ela que ser sábia administradora do lar envolve fazer um bom uso de nosso tempo.

Ela instrui

Como uma sábia administradora do lar, a mulher de Provérbios 31 é devotada ao bem estar dos outros:

> É ainda noite, e já se levanta, e dá mantimento à sua casa e a tarefa
> às suas servas. (provérbios 31.15)

> Abre a mão ao aflito; e ainda a estende ao necessitado. (Provérbios
> 31.20)

> Fala com sabedoria, e a instrução da bondade está na sua língua.
> (Provérbios 31.26)

> Atende ao bom andamento da sua casa e não come o pão da preguiça.
> (Provérbios 31.27)

A maneira como ela olha o bom andamento de sua casa inclui não apenas o que ela faz, mas também o que ela diz. Nutrir os outros é algo que se refere tanto às nossas palavras quanto ao fornecimento de uma refeição quente e roupas limpas. A sabedoria de seu coração flui em sua língua. Ela apresenta um forte contraste com este tipo de mulher:

> Melhor é morar no canto do eirado do que junto com a mulher rixosa
> na mesma casa. (Provérbios 21.9; 25.24; conf. 19.13)

Se há algum verso no poema que faz as mulheres se sentirem culpadas, provavelmente, é Provérbios 31.26: "Fala com sabedoria, e a instrução da bondade está na sua língua". Nós o lemos, e vem à mente a lembrança da última vez que gritamos como uma banshee (criatura mitológica que tem um grito horrível), por causa de sapatos sujos no chão limpo, ou quando dissemos "Não faça uma tempestade em copo dágua", para uma amiga perplexa quando estávamos com pressa para desligar o telefone.

Acho interessante que o poeta coloque dessa forma: "A instrução da bondade". Isso deve significar mais do que, simplesmente, dizer coisas amáveis. Isso poderia significar que ela ensina com bondade, mas também poderia significar que ela ensina sobre a bondade. Ambas são sábias. Pode ser que ainda tenhamos muito o que aprender, mas temos a capacidade de imitá-la desta forma, se estamos em Cristo, pois a bondade é um aspecto do fruto do Espírito (Gálatas 5.23).

Como vimos no capítulo 2, tornarmo-nos uma mulher sábia no falar é o que precisamos. E, como disse Jesus: "Porque a boca fala do que está cheio o coração" (Mateus 12.34). A mulher de Provérbios 31 exemplifica o nutrir. Não importa em que tarefa ela esteja envolvida, seu principal objetivo é nutrir os outros. Ela fornece o alimento para os de sua casa, inclusive os servos (verso 15); ela estende a mão aos pobres e necessitados (verso 20); e ela observa o andamento de sua família (verso 27). Em nossos dias, atentar para o andamento de nossa casa inclui estar diligentemente atenta ao que nossos filhos estão fazendo, não só quando saem, mas quando estão em casa. Você é tão experiente tecnologicamente quanto seus filhos adolescentes? Há meios de os pais controlarem os softwares. E você conhece cada um dos amigos de seus filhos no Facebook (ou na rede social que eles costumam acessar)? A tecnologia muda na velocidade da luz, mas manter-se atualizada é, hoje, parte do que envolve atentar para o andamento de sua casa.

Quando Jesus enviou os doze apóstolos, Ele os advertiu: "Eis que eu vos envio como ovelhas para o meio de lobos; sede, portanto, prudentes como as serpentes e símplices como as pombas" (Mateus 10.16). Suas palavras não eram aplicáveis apenas aos apóstolos, pois são a todos os crentes. A serpente no Jardim do Éden era muito habilidosa, ainda que num mal caminho. Entretanto, ela era astuta sobre as pessoas e o que lhes dizia respeito. A vantagem aqui é que a mulher sábia deve ser inocente para o pecado, mas não ingênua; e talvez ainda mais, quando se trata de nossos filhos.

Uma amiga minha, Ruby, recentemente encontrou um maço de cigarros na bolsa de sua filha adolescente Justine. Quando a confrontou, Justine negou que os cigarros lhe pertencessem e alegou que estava apenas os guardando para uma amiga. Por causa do grande amor de Ruby por Justine, as palavras de Paulo sobre o amor são apropriadas, uma vez que se trata de sua filha: "tudo sofre, tudo crê, tudo espera, tudo suporta" (1 Coríntios 13.7). Ruby escolheu acreditar em sua filha. Mas eu sou cética. Me lembro de dizer a mesma coisa à minha mãe quando era adolescente. Talvez Justine estivesse realmente dizendo a verdade, mas nosso desejo de acreditar no melhor sobre aqueles que amamos não deveria impedir uma suspeita saudável e uma investigação um pouco mais profunda. Espero que meu ceticismo esteja mal fundamentado. Espero que Justine não esteja mentindo. E espero que Ruby não se decepcione.

Atender ao bom andamento de nossa casa sempre envolve nosso trabalho, nossas palavras e nosso coração.

COMO UMA MULHER DE NEGÓCIOS

Há muito tempo atrás, havia um comercial na TV que mostrava uma mulher atraente cantarolando pela cozinha: "Eu posso comprar o bacon e posso também fritá-lo numa panela e nunca deixar você esquecer que é um homem". Lembro-me de que era uma propaganda de perfume. Em certo sentido, a mulher no comercial retrata algo sobre a mulher de Provérbios 31: ela dominava sua esfera doméstica, ao mesmo tempo que trabalhava fora.

> *Examina uma propriedade e adquire-a;*
> *planta uma vinha com as rendas do seu trabalho.*
> (Provérbios 31.16)

> *Ela faz roupas de linho fino, e vende-as, e dá cintas aos mercadores.*
> (Provérbios 31.24)

Esta mulher – marcada pela sabedoria – tinha o conhecimento para comprar uma propriedade. Os crentes normalmente se dividem em suas opiniões sobre ser ou não bíblico que as mulheres, especialmente as mães, trabalhem fora. Vemos em provérbios que é realmente bíblico, contanto que seja algo aplicado no âmbito de todas as demais coisas. As Escrituras ensinam sobre esposas e mães. No antigo Israel, as mulheres se empregavam fora de casa como servas, ou mesmo como escravas; apesar de incomum, não era algo de que jamais se ouvira falar. Há bastante tempo que as mulheres têm trabalhado fora para ajudarem nas despesas, especialmente em tempos de necessidade. Sendo assim, devemos pesar isso e também o que Paulo escreveu em Tito: "Quanto às mulheres idosas, semelhantemente, que sejam sérias em seu proceder, não caluniadoras, não escravizadas a muito vinho; sejam mestras do bem, a fim de instruírem as jovens recém-casadas a amarem ao marido e a seus filhos, a serem sensatas, honestas, boas donas de casa, bondosas, sujeitas ao marido, para que a palavra de Deus não seja difamada" (Tito 2.3-5). Paulo instrui as mulheres idosas para orientarem as mais novas a concentrarem suas forças nas responsabilidades domésticas.

Ao considerarmos o que sabemos sobre as mulheres que trabalhavam fora no antigo Israel, e o que vemos na mulher descrita em Provérbios 31, juntamente com as palavras de Paulo na carta a Tito, podemos chegar a uma ilustração bíblica para a aplicação às nossas próprias vidas. Se somos sustentadas por nosso marido enquanto criamos filhos, mas pensamos em trabalhar fora, as palavras de Paulo podem nos levar a examinar nossos motivos. Se desejamos trabalhar fora, fazemos bem em nos questionar: (1) Estou buscando o bem dos outros? (2) Deus será glorificado mais no que será visto em minha família? (3) Meu trabalho beneficiará minha família acima de tudo, ou apenas a mim? Deixe que estas perguntas lhe mostrem se a decisão de trabalhar será uma decisão sábia.

Estas podem ser perguntas difíceis para muitas de nós. Em primeiro lugar, em nossa sociedade é muito fácil confundir a necessidade financeira com o desejo financeiro. Em outra parte, Paulo escreve: "De fato, grande fonte de lucro é a piedade com o contentamento. Porque nada temos trazido para o mundo, nem coisa alguma podemos levar dele. Tendo sustento e com que nos vestir, estejamos contentes" (1 Timóteo 6.6-8). Paulo não estava dizendo que devemos viver sem um segundo carro ou uma escola cara. O que ele quer dizer é que devemos estar satisfeitas com o básico. Em outras palavras, se estamos pensando em voltar a trabalhar para que possamos custear uma viagem divertida da família à Europa no verão, ou uma TV LCD, talvez precisemos reconsiderar e perceber que nossos filhos ficariam melhores, se nos encontrassem em casa ao voltar da escola, do que ficariam se tivessem alguns brinquedos a mais.

Em segundo lugar, estas perguntas podem ser difíceis de serem respondidas, em função das pressões externas que enfrentamos. A sociedade nos diz que as mulheres são falhas se não maximizarem seu potencial, ou se fizerem sacrifícios em benefício de suas famílias. Com efeito, observemos o contexto no qual a mulher de Provérbios 31 exerceu sua habilidade em negócios. Ela os usava para o bem dos outros, especialmente de sua família. Em nenhuma parte desta passagem de Provérbios, encontramos algo que a descrevesse trabalhando fora com o propósito de fazer algo enriquecedor, de reconhecer seu potencial ou encontrar realização pessoal.

Aprendemos com o poema, que o exercer habilidades empresariais e manter nosso chamado único como provedoras de nossa família são tarefas que podem, certamente, ser realizadas em conjunto. Tudo depende de nossas razões para pormos estas habilidades em prática, e em como e onde escolhemos usá-las.

E as mulheres solteiras que, em virtude de seu estado civil, devem trabalhar fora? Os princípios de Provérbios 31 se aplicam a elas também, pois os versos 16 e 24 não descrevem o trabalho para o próprio sustento, mas a maximização de nossos dons, independente de nosso chamado. Algum tempo atrás, uma jovem solteira escreveu para um blog cristão perguntando se deveria deixar a escola de medicina. Ela tinha esperanças de encontrar um rapaz cristão piedoso e se casar algum dia, e se perguntava se buscar a carreira médica poderia prejudicar suas esperanças com relação ao futuro matrimônio. O autor do blog aconselhou aquela jovem a deixar seus estudos, alegando que todo o estudo seria uma perda de tempo e dinheiro, já que ela esperava ser esposa, dona de casa e mãe. Creio que a esta resposta faltou sabedoria.

Primeiramente, aquela jovem esperava se casar, mas, no momento que fez a pergunta, ela não tinha nem mesmo um pretendente. Uma vez que ela não pode saber o futuro, se ou quando irá se casar, buscar completar seus estudos e fazer uma carreira em medicina, se ela tem aptidão e inclinação a fazê-lo, parece ser uma boa maneira de se preparar para se sustentar, se não vier a se casar ou se ficar sozinha mais tarde. Em segundo lugar, se ela se casar e não praticar medicina como carreira, certamente poderá oferecer sua habilidade e conhecimento médico a serviço de sua família, de sua igreja e comunidade. Em terceiro, desenvolver os dons e talentos que Deus lhe deu é exercer o princípio da boa mordomia como Deus designou, e isso O glorificará, mesmo que estes dons não gerem algum tipo de renda.

Se você é solteira e precisa trabalhar fora, ou pelo menos deve se preparar para isso, é aconselhável fazer uma análise de seus dons pessoais e cultivá-los. Não é honrável a Deus enterrar seus talentos por algum sonho potencial futuro, que pode não vir a se realizar. Algumas mulheres não se permitem nenhum desenvolvimento mental ou educacional enquanto esperam pelo homem de sua vida. Em alguns casos, isso é uma busca desenfreada pelo casamento. Em outros casos, apesar de involuntariamente, é um tipo de chantagem espiritual: "Deus tem que me dar um marido, já que eu não me dedico a nada, mas me preparo apenas para o casamento".

Lídia, no livro de Atos, era uma empresária bem sucedida, e pelo que sabemos, era solteira, e seu sucesso não comprometeu sua feminilidade ou sua piedade. Talvez ela tivesse tido um marido durante algum tempo, ou talvez ele tenha entrado em sua vida mais tarde. Não sabemos. Sabemos que ela administrava um negócio que era bem sucedido, e que foi capaz de usar seus talentos para o bem da igreja que começava em Filipos. É evidente em Atos 16 que ela possuía uma casa, onde podia hospedar os apóstolos e ajudá-los em algumas de suas necessidades.

Conhecimento Financeiro

Talvez, trabalhar fora não seja um problema para você. Ainda assim, ainda podemos aplicar alguma coisa do potencial da mulher de Provérbios 31 para os negócios. Ela é ilustrada como uma mulher consciente das necessidades financeiras de sua família. Podemos dizer o mesmo a nosso respeito? Já abordamos este assunto no capítulo 7, portanto não diremos muito aqui, mas consideremos uma vez mais: Nós temos conhecimento de como anda a conta bancária? As contas da casa estão em dia? Ainda que não administremos o dinheiro, termos controle desses detalhes é uma boa ideia.

Enquanto escrevo, uma mulher me vem à mente, Rachel. Seu marido morreu num acidente no ano passado, e sua dor pela perda repentina se agravou pelo estresse, nos meses seguintes, com os avisos de contas a pagar que se acumulavam. Seu marido administrava o dinheiro, portanto ela não tinha ideia das contas da casa, e qual era a data de vencimento. Ter de tomar conhecimento do emaranhado de contas e aprender sobre seguros e impostos sobrecarregou muito a Rachel, e hoje ela se lembra deste problema como um dos aspectos mais difíceis da tragédia que enfrentou. Você tem conhecimento da situação financeira de sua família?

A mulher sábia também tem conhecimento do orçamento de sua casa. Em outras palavras, ela vive dentro de suas possibilidades. Algo que podemos notar na mulher de Provérbios 31 é que ter sabedoria para lidar com as finanças não é uma frugalidade.

> *No tocante à sua casa, não teme a neve, pois todos andam vestidos de lã escarlate.*
> *Faz para si cobertas, veste-se de linho fino e de púrpura.*
> (Provérbios 31.21-22)

Linho fino, púrpura e lã escarlate não eram tecidos baratos. Aprendemos, com ela, que estar consciente do orçamento significa saber quando dá para economizar um Real e quando um pouco de extravagância é uma boa escolha. Às vezes, ao considerarmos as grandes necessidades do mundo, nos sentimos culpadas por gastar dinheiro com coisas agradáveis; mas vemos algo diferente aqui, em Provérbios 31. Em circunstâncias normais, ter coisas boas é um dos benefícios dados por Deus, ao viver com sabedoria. Isso é o que devemos ver neste poema, assim como em todo o livro de Provérbios. Entretanto, se você ler o poema, verá que ter coisas boas não é algo que vem à custa de outras prioridades. Ela era capaz de dar aos pobres e de prover para toda a sua casa.

Portanto, seja em casa ou fora, solteira ou casada, há sabedoria em ter experiência com as finanças.

Como uma mulher forte

Alguns meses atrás, uma revista feminina popular publicou a foto de uma mulher bem vestida e perfeitamente penteada, posando como fisiculturista e expondo seus músculos. A legenda embaixo dizia: "As mulheres podem ser fortes, inteligentes, sexy, mães e poderosas. Não precisamos nos comprometer". Este não é o tipo de força que vemos na mulher descrita em Provérbios 31. Ela exala força, mas uma força totalmente diferente.

Cinge os lombos de força e fortalece os braços. (Provérbios 31.17)

No entanto, ela mantém-se em forma, como vemos no verso 17. Há sabedoria em manter a forma física – não o tipo moderno, que nos faz sentir para trás, se não participamos ativamente da aula de Pilates – mas o tipo que simplesmente nos mantém saudáveis. Muitas de nós temos acreditado no mito de que devemos fazer exercícios três vezes por semana para termos qualquer benefício, mas como não temos esse tempo para nos dedicarmos, acabamos não fazendo exercício nenhum. Por alguma razão, quando se trata de nos exercitar, muitos de nós temos aquela perspectiva do tipo "tudo ou nada". No entanto, uma amiga minha mantém seus tríceps tonificados levantando latas de sopa, e outra o faz pegando no esfregão e esfregando seus pisos de joelhos. Se estamos desencorajadas com o jeito moderno de manter a forma, há formas criativas de fazê-lo em nossa rotina diária.

Além de fortalecer seus braços, a mulher de Provérbios 31 "cinge os lombos de força". Em outras palavras, ela se cobre de força. A palavra aqui parece indicar algo mais do que aptidão física, e quando olhamos para sua vida vemos que ela, de fato, se veste de força mental e também espiritual, algo que ela faz guardando seu coração no temor do Senhor. O verso 17 é colocado de outra forma pelo Apóstolo Paulo: "Pois o exercício físico para pouco é proveitoso, mas a piedade para tudo é proveitosa, porque tem a promessa da vida que agora é e da que há de ser" (1 Timóteo 4.8).

COMO FISICAMENTE ATRAENTE

Mesmo sendo uma pessoa muito ocupada, ela ainda encontra tempo para cuidar da aparência.

Faz para si cobertas, veste-se de linho fino e de púrpura.
(Provérbios 31.22)

Apesar desta ser a única menção feita à sua aparência em todo o poema, a menção deste aspecto de sua pessoa pode afastar dela algumas de nós. Afinal, quem tem tempo para se dedicar à aparência, enquanto estamos envolvidas nas tarefas desgastantes da criação dos filhos, na administração de nossa casa ou de nossa carreira, e no serviço à igreja? Alguma parte tem que ceder, e parece que de todas as prioridades concorrentes, esta é a única. E, para algumas mulheres, a aparência física sempre é um assunto delicado. No entanto, pode parecer muito menos intimidante, se considerarmos pelo aspecto do amor e não do mundo.

Ter uma boa aparência, nos padrões do mundo, tem mais a ver com orgulho do que com amor. O que poderia ser, além do orgulho, quando o objetivo é ter uma aparência igual ou melhor que a dos nossos vizinhos ou colegas? Certamente não era o que o poeta tinha em mente quando descreveu o vestuário da mulher de Provérbios 31. Os tecidos que a vestem – linho fino e púrpura – eram usados apenas pelos prósperos, então podemos presumir que o poeta incluiu esses detalhes para mostrar o vínculo entre a sabedoria e a prosperidade. Este ponto é reforçado pelo fato de que sua família inteira está vestida de lã escarlate cara (verso 21).

Se considerarmos outras passagens na Bíblia que mencionam tecidos em púrpura e escarlate, podemos imaginar que o simbolismo do poeta tenha um sentido ainda mais profundo. Algumas peças do tabernáculo e do templo, no Antigo Testamento, eram tecidas com fios escarlate e púrpura, como o éfode e o peitoral de linho usados pelo sacerdote (Êxodo 26;28;35). Havia também jóias no peitoral, e encontramos jóias no poema de Provérbios 31 (verso 10). A cor roxa está associada com realeza e status, como vemos em Ester 8.15. O roxo também está ligado à riqueza, como vemos positivamente no poema de Provérbios 31, e negativamente, na parábola do homem rico e Lázaro, em Lucas 16.19-31. Jesus foi violentamente vestido de roxo, para que as pessoas pudessem zombar de sua pretensão de realeza (Marcos 15.17, 20), apesar de sabermos que ele era de fato um rei – o Rei. Por outro lado, em Apocalipse, a cor roxa é sinal das influências corruptas do dinheiro (17.4; 18.6).[3] A cor escarlate, nas Escrituras, possui associações tanto positivas como negativas, mas podemos ver, em algumas passagens, que ela tem a ver com purificação (Levítico 14.4; Hebreus 9.19-20).[4]

Não queremos dar ao poema um significado que não seja verdadeiro, mas, certamente, podemos inferir que as cores que encontramos nas vestimentas da mulher descritas em Provérbios 31, e em sua casa, simbolizam a nobreza da sabedoria.

Em termos de considerações práticas, podemos simplesmente dizer que ela reconhece que há sabedoria em apresentar uma aparência atrativa. Por um lado, sua aparência atrativa certamente reflete bem em seu marido, e, sem dúvida, lhe agrada. E, se pensarmos nos conselhos dados aos maridos, nos outros capítulos de Provérbios, vemos que seus esforços pela boa aparência o ajudarão a seguir estes versos:

> Seja bendito o teu manancial, e alegra-te com a mulher da tua mocidade,
> corça de amores e gazela graciosa. Saciem-te os seus seios em todo o tempo; e embriaga-te sempre com as suas carícias.
> Por que, filho meu, andarias cego pela estranha e abraçarias o peito de outra? (Provérbios 5.18-20)

Com ela, aprendemos que esforçarmo-nos para melhorar nossa aparência é um modo de amar nosso marido. É também um modo de amar a Deus. Ele não é glorificado em mulheres que se descuidam. Porém, não é tanto a aparência que mais O glorifica, e sim o cuidado dedicado da pessoa que a aparência revela.

Rachel Held Evans escreve: "Não encontrei nada na Bíblia que sugira que Deus exige que as mulheres sejam bonitas... Enquanto o amor jovial é celebrado na Bíblia (Cântico dos Cânticos, Provérbios 5.15-19), não há nada que sugira que a mulher deva manter um certo padrão de beleza em todas as fases da vida, com o intuito de agradar ao marido".[5] Evans está certa em pelo menos um aspecto: não há nada na Bíblia que ordene uma mulher a manter sua aparência. No entanto, como aprendemos com a mulher de Provérbios 31, definitivamente há sabedoria em fazer isso. Evans escreveu seu artigo com o objetivo de abordar as observações feitas por alguns líderes evangélicos, que defendem que a mulher deve manter a boa aparência, para não perder seu marido. É realmente lamentável, se os líderes usam a falha de uma esposa em manter sua aparência para justificarem a infidelidade do marido; a culpa pela infidelidade dele nunca será corretamente justificada, dessa forma. Não obstante, a mulher pode, certamente, ajudar seu marido a evitar a tentação, esforçando-se para melhorar sua aparência, e isto pode ser corretamente visto como um ato de amor, e não de desespero. Se uma mulher acredita que tem de manter sua aparência para que seu marido lhe seja fiel, parece-me que o problema tem mais a ver com a saúde do casamento do que com a aparência da mulher.

Boa aparência é uma maneira de amarmos nosso marido, mas há uma enorme diferença entre esforçar-se por isso e ser obcecada. Não há sabedoria em uma preocupação exagerada com a aparência, como mostra claramente o poema:

Enganosa é a graça, e vã, a formosura,
mas a mulher que teme ao Senhor, essa será louvada. (Provérbios 31.30)

Este verso não quer dizer que a aparência não faz diferença nenhuma, mas que a aparência, quando contrabalanceada com a piedade e todos os outros aspectos da sabedoria, quase não conta. Ao vermos o versículo 30, à luz de todo o poema, podemos determinar onde colocar a aparência física, em nossa lista de prioridades (em baixo) e que motivação deve dirigir estes esforços (o amor). Ou seja, fazer um esforço equilibrado por nossa aparência, e, ao mesmo tempo, também reconhecer seu valor limitado, é um aspecto da sabedoria da mulher. Vemos mulheres bonitas na televisão ou pela cidade, e observamos sua beleza, mas as esquecemos assim que passam por nós. Por outro lado, geralmente, lembramos de mulheres que fazem importantes contribuições para o mundo, independente de sua aparência, e podemos notar que as mulheres mais respeitadas do mundo não são as mais bonitas.

Confiante

Se tivéssemos que escolher uma única palavra para descrever a mulher de Provérbios 31, uma boa escolha seria confiante.

No tocante à sua casa, não teme a neve, pois todos andam vestidos de lã escarlate. (Provérbios 31.21)

A força e a dignidade são os seus vestidos, e, quanto ao dia de amanhã, não tem preocupações. (Provérbios 31.25)

Primeiramente, ela é confiante porque sua família está bem provida (verso 21). Ela não se preocupa em ter recursos suficientes para alimentar e vestir aqueles que vivem em seu domínio. Podemos ser rápidas em dizer: "Bem, seria fácil não temer, se eu tivesse tanto dinheiro como ela", mas, se pensarmos assim, deixamos de entender a questão que a sabedoria é que leva à provisão financeira, em primeiro lugar. O que vemos, novamente, é o exemplo do princípio mostrado em todo o livro de Provérbios, de que o viver com sabedoria, geralmente, leva aos tipos de bênçãos que previnem muitas das coisas com as quais nos preocupamos.

Em segundo lugar, ela é confiante porque tem uma boa reputação. Ela é conhecida por sua força e dignidade (verso 25). Vemos, por todo o poema, como a sua reputação a abençoa. Ela abriu as portas para os negócios e o ministério, e isso trouxe a ela o louvor de seu marido e seus filhos:

> *Levantam-se seus filhos e lhe chamam ditosa; seu marido a louva, dizendo: Muitas mulheres procedem virtuosamente, mas tu a todas sobrepujas.*
> (Provérbios 31.28-29)

O mesmo acontece em nossa vida. Nossa reputação dirige nosso curso, de modos grandes e pequenos. Nossa reputação financeira, por exemplo, se reflete em nossa pontuação de crédito, e quanto maior o nosso crédito, mais opções temos, quando se trata de fazer aquisições e investimentos. Da mesma forma, nossa reputação de confiabilidade irá determinar a qualidade e quantidade de nossos relacionamentos. Nossa reputação na diligência abre portas nas áreas da educação e nos negócios. Uma reputação em santidade atrai aqueles que buscam o Senhor, seja para o ministério, para a amizade ou o casamento. Uma vida vivida no temor do Senhor nos dá uma reputação de sabedoria, e glorifica a Deus.

Em terceiro, ela é confiante porque não teme o que o futuro pode trazer (verso 25). Ela não se preocupa com um possível decréscimo da economia, ou se seus filhos serão bem sucedidos, ou se ela vai permanecer saudável, quando envelhecer. Ela certamente não sabe o que o futuro lhe reserva – nenhum nível de sabedoria revelaria isso a ela, ou a qualquer um de nós.

A economia pode azedar, seus filhos podem escolher caminhos insensatos, apesar da sabedoria transmitida por seus pais, e ela pode ser atingida por uma doença grave. Sendo assim, como ela pode rir do porvir? Ela não tem medo, pois confia no Senhor. Sabemos disso, porque ela é apresentada como ideal de sabedoria, em um livro que ensina que o cerne da sabedoria é o temor do Senhor. E por fim, seu temor do Senhor, e não sua prosperidade material, é o que a faz confiante.

Portanto, ao considerarmos nossas lutas com a ansiedade, à partir da perspectiva de Provérbios, é possível que nossas batalhas sejam arraigadas no fato de que estamos escolhendo viver imprudentemente de alguma forma, ou que não estamos confiando em Deus? Na verdade, os dois caminham juntos. Não escolheremos caminhos de sabedoria, se não confiarmos nAquele que traçou estes caminhos para nós. O temor do Senhor é confiar no Senhor.

Primeiramente, a mulher de Provérbios 31 é confiante, porque teme ao Senhor. Esta é a base de todo o seu sábio proceder. Ela é uma boa esposa e mãe, é trabalhadora, é experiente financeiramente, bondosa, bem falada e caridosa, pois todo o seu ser é orientado pelo temor do Senhor. Este é o único caminho para nós também. "O temor do Senhor é o princípio da sabedoria" (Provérbios 9.10). Ainda assim, nós nunca chegaremos a isso por conta própria. Não podemos desenvolver o temor do Senhor ou a sabedoria, sem Cristo, nosso Salvador. Elyse Fitzpatrick admoesta:

> As palavras simples dos provérbios são para o nosso bem, e vamos crescer em sabedoria, se respondermos a elas com fé e humildade. Entretanto, se não atentarmos para a pessoa de Jesus aqui também, assumiremos erroneamente que seremos capazes de realizar, automaticamente, algo que nem Salomão pôde fazer: produzir filhos sábios. Além disso, como os provérbios são claros e parecerem promessas, acreditamos que

nosso desempenho vai garantir sucesso. Muitos dos chamados livros cristãos para pais desenvolvem a sabedoria dos pais, em Provérbios, sem sequer reconhecerem a presença de Cristo neles.[6]

É por isso que crescer em sabedoria significa parecer mais com Cristo do que com a mulher de Provérbios 31. Não podemos ser como ela, apenas com nossos próprios esforços. Só podemos fazer isso em dependência de Cristo, pois Ele é a nossa sabedoria. Elyse mostra esta verdade de maneira bela:

> Se abordarmos os provérbios, acreditando que toda a Bíblia "sussurra Seu nome", se nos achegarmos com olhos atentos, olhando para o nosso Salvador, iremos facilmente identificá-Lo ali, como o Filho Sábio. Sim, os provérbios nos mostram como viver piedosamente, mas também nos falam dEle. Por exemplo, a ordenança, "Meus filhos, se os maus tentarem seduzir-te, não consintas", é abundantemente cumprida, na resistência de Jesus às tentações de Satanás no deserto. Jesus é o Filho Sábio, que sempre fez o que era agradável a Seu Pai (Isaías 52.13, João 8.29). E, embora a Bíblia quase não mencione a infância de Jesus, temos esta descrição: "E crescia Jesus em sabedoria, estatura e graça, diante de Deus e dos homens" (Lucas 2.52). Ele foi totalmente obediente, pois era totalmente sábio, e foi amado por Seu Pai e Seus pais. O próprio Jesus refere-se a si mesmo como personificação da sabedoria (Mateus 11.19), e Paulo nos assegura que nEle estão escondidos todos os tesouros da sabedoria e do conhecimento (Colossenses 2.3). Jesus é o cumprimento do Filho Sábio de Provérbios.[7]

SUAS RECOMPENSAS

O que a mulher de Provérbios 31 recebe como consequência de sua sabedoria? Vamos encerrar nosso estudo com uma lista de dez recompensas:

1) Ela é valorizada (verso 10)
2) Ela tem um casamento sólido (versos 11, 12, 28)
3) Ela vive sem medo (versos 21, 25)
4) Ela tem conforto material (versos 21, 22)
5) Ela é bem sucedida (versos 16, 18, 24)
6) Ela não se cansa facilmente (versos 15, 17, 18, 27)
7) Ela tem uma boa reputação (versos 25, 29)
8) Ela é elogiada por sua família (versos 28, 29)
9) Ela tem um coração que transborda de amor ativo (versos 20, 26)
10) Ela conhece o Senhor (verso 30)

Ela é a imagem do sábio viver, mas não primeiramente de como ser uma melhor dona de casa ou empresária. A imagem que ela revela é de quão realizada e recompensada a vida de uma mulher pode ser, se ela teme ao Senhor.

Dai-lhe do fruto das suas mãos, e de público a louvarão as suas obras.

(Provérbios 31.31)

GUIA DE ESTUDO

Você pode usar este guia de estudo individualmente, ou como parte de uma discussão em um grupo pequeno. Há, pelo menos, uma pergunta em cada capítulo, que exigirá um pouco mais de tempo do que as outras questões. Estas perguntas são marcadas com o símbolo **. Você também pode usar o apêndice como uma forma prática de revisão de vários provérbios.

Capítulo Um
O que, exatamente, é sabedoria?

1. Leia o livro de Ester e anote onde e como você a vê exercendo sabedoria. Que impacto suas escolhas têm sobre seu parente, Mordecai? Que tipo de impacto ela causou no rei?

2. Cite uma área de sua vida (ou mais de uma) na qual você deseja crescer em sabedoria. Por que você acredita que precisa de sabedoria nesta área?

3. Como Provérbios define a sabedoria? Explique o que significa esta definição.

4. Você já experimentou o temor do Senhor? O que você aprendeu sobre Ele durante esse tempo? Qual foi o resultado?

5. Quais características da sabedoria listadas no capítulo 1 mais falam com você, e por quê?
- A sabedoria é clara

- A sabedoria está próxima

- A sabedoria é agradável

- A sabedoria é primordial

- A sabedoria é hospitaleira

6. Descreva o que significa guardar seu coração (Provérbios 4.23).

7. Qual a ligação entre sabedoria e humildade, e como cultivamos a humildade?

8. Qual é o nosso papel em obter a sabedoria?

9. Qual dos benefícios da sabedoria mais te cativa, e por quê?

Segurança

Direcionamento

Senso comum santificado

Viver bem

Felicidade

Autoconhecimento

10. Descreva o vínculo entre Cristo e a sabedoria.

CAPÍTULO DOIS
Por que a insensatez é realmente ruim
1. Qual é a primeira diferença entre uma mulher insensata e uma sábia?

2. Cite algumas maneiras como a mulher de hoje pode ser facilmente enredada pelo mundo. O que, pessoalmente para você, constitui um laço?

3. Há muitos provérbios que mencionam dinheiro e riquezas (veja o apêndice). Por que você acha que este livro da Bíblia sobre sabedoria enfatiza isso? Também encontramos uma quantidade de passagens sobre riqueza no Novo Testa-

mento que abordam, principalmente, seu impacto sobre o discipulado cristão. Estude as seguintes passagens e resuma o que você encontra:

Mateus 6.25-34

Mateus 13.18-23

Lucas 16.13

Atos 8.9-21

1 Timóteo 3.2-3

1 Timóteo 6.6-10, 17-19

2 Timóteo 3.1-5

Hebreus 13.5-6

Tiago 5.1-6

4. De que maneiras a mulher insensata demonstra desprezo pelo conhecimento piedoso?

5. Como podemos diferenciar uma espera paciente da complacência pecaminosa? Ao ponderar a diferença, isso, de alguma forma, se refere à sua vida?

6. Onde, em sua vida, você detecta a necessidade de tornar-se mais como a formiga de Provérbios 6.6-8? Há falta de zelo em seu trabalho, em seus relacionamentos, ou em sua caminhada na fé? Se positivo, que passo concreto você dará para tratar isso?

7. Numa sociedade que considera a autonomia como grande virtude, viver na dependência de Deus e em transparência diante de sua comunidade cristã pode ser bastante desafiador. Descreva a diferença entre independência piedosa e autonomia pecaminosa. Considere Provérbios 18.1 e 1 Tessalonicenses 4.9-12.

8. Releia Provérbios 6.16-19. Desta passagem, faça uma lista de coisas que Deus odeia tanto, que são categorizadas como "abominações". Então, usando sua lista, faça a oração do Salmo 139.23-24, sozinha ou com seu pequeno grupo:

*Sonda-me, ó Deus, e conhece o meu coração,
prova-me e conhece os meus pensamentos;
vê se há em mim algum caminho mau
e guia-me pelo caminho eterno.*

Você também pode ver se encontra-se remoendo alguma coisa, da lista nas páginas 51-52.

9. Em que sentido vencer a nossa insensatez é mais uma questão de descanso do que de trabalho?

10. Como as seguintes passagens mostram Jesus como nossa sabedoria?

Mateus 12.38-42

Lucas 2.40-52

1 Coríntos 1.18-31

1 Coríntios 2.1-13

Colossenses 2.1-3

Colossenses 2.20-23

Colossenses 3.16

Capítulo Três
A mulher sábia conhece o poder das palavras

1. Que importância nossas palavras têm em nosso papel como auxiliadoras? Tendo em mente os exemplos que consideramos nas Escrituras (Ester e Dalila), descreva o tempo em que suas palavras mostraram uma situação de bem ou mal. Há algum ensino de Provérbios que você tenha experimentado e seja verdadeiro?

2. Provérbios oferece uma boa parte de informações sobre a natureza destrutiva do mentiroso. Onde você tem visto estas verdades se cumprirem em sua própria vida? (Você pode rever provérbios específicos usando o apêndice).

3. De que maneira o termo falso testemunho é mais amplo do que apenas falar a verdade no tribunal?

4. Dos exemplos de discurso insensato que abordamos no capítulo 3, há algum que você não considerou importante? Como sua visão desses discursos mudou, em consequência do estudo de Provérbios?

5. Alguns tipos de conversa, embora não pecaminosas, são insensatas. O que, de acordo com Provérbios, pode ser incluído nesta categoria?

6. Você tem dificuldade com a fofoca, seja falando ou ouvindo? Que verdades de Provérbios sobre a fofoca impactaram mais diretamente a você, e por quê? Selecione um provérbio sobre a fofoca e memorize.

7. Há, em sua vida, algo no presente que possa fazer você suscetível à lisonja? Como, especificamente, você pode guardar-se disso?

8. Quais são algumas características das palavras sábias?

9. Como nossos ouvidos estão ligados à nossa língua, quando se trata de sabedoria?

10. Leia os seguintes versículos sobre a palavra sábia e tola descrita em Tiago, o livro da sabedoria do Novo Testamento. O que você encontra aqui, que reforce ou edifique aquilo que você aprendeu em Provérbios?
Tiago 1.19-20

Tiago 1.26

Tiago 2.8-12

Tiago 2.14-17

Tiago 3.2-12

Tiago 4.11-12

Tiago 4.13-16

Tiago 5.12

Capítulo quatro
A mulher sábia escolhe cuidadosamente seus amigos

1. Com quem você gasta mais tempo? Como estas amizades começaram a se desenvolveram?

2. O que lhe atrai a determinadas amizades? Considere tanto as armadilhas como as qualidades piedosas que vimos no capítulo 4.

3. Alguma de suas amizades é caracterizada pelo caos? Que provérbios tratam disso, e como?

4. Provérbios nos adverte contra entregar nossos corações a pessoas iradas. Por quê? Considere o desenvolvimento de uma ilustração bíblica mais completa da ira, estudando as seguintes passagens:

IRA DE DEUS	IRA DO HOMEM (DA MULHER)
Êxodo 32.1-10	Gênesis 4.1-7
Números 11.1	2 Samuel 6.5-10
2 Samuel 6.5-10	Salmos 4.4
1 Reis 11.1-9	Salmos 37.8
2 Crônicas 28.22-25	Eclesiastes 7.9
Salmos 30.5	Jonas 4.1-9
Salmos 38.1-4	Mateus 5.22
Salmos 85.1-8	João 7.32.33
Salmos 86.15	2 Coríntios 12.20
Salmos 90.1-12	Gálatas 5.20
Isaías 57.16-17	Efésios 4.26
Jeremias 3.6-13	Efésios 4.31
Jeremias 4.22-26	Efésios 6.4
Oséias 14.1-4	Colossenses 3.8
Marcos 3.1-6	Tiago 1.19-20

5. Devemos ser cautelosos, ao aprofundarmos um laço com alguém dado à indulgência sensual? Que tipos de indulgências isso pode incluir, além de apenas comida e bebida?

6. Quais são alguns dos princípios bíblicos, para escolher sabiamente as amizades? Ao considerá-los, você pode dizer que tem uma amiga "de ferro" (Provérbios 27.17)? O que, neste relacionamento, "afia" uma à outra?

7. Você acha difícil falar claramente, quando vê uma amiga se desviando dos caminhos de Deus? Qual é o risco que você teme? Qual a diferença entre falar a verdade em amor e o julgamento crítico? Como você acha que podemos distinguir entre os dois?

8. Você já foi pega em um relacionamento idólatra? Que maus frutos de idolatria foram evidenciados? Como o relacionamento terminou? Se ainda não terminou, descreva como os passos de arrependimento, em Oséias 14, podem te ajudar.

9. O que as Escrituras dizem sobre amizades com crentes professos que vivem em pecado? Como determinamos quando nos aproximar do pecador e quando nos afastar?

10. Jesus, certamente, é o amigo mais importante. O que estes versículos ensinam sobre este aspecto de seu relacionamento com Ele?
Êxodo 33.9-11

Salmos 25.14

Lucas 7.33-35

João 15.13-15

Tiago 4.4

Capítulo Cinco
A mulher sábia conhece o segredo do autocontrole
1. Em que área você acha que o autocontrole é uma luta permanente?

2. O que é glutonaria? Por que os que comem pouco podem ser considerados glutões?

3. Como podemos glorificar a Deus comendo? Use as seguintes passagens para encontar a resposta:
Salmos 104.14-15

Salmos 104.24-26

Provérbios 23.20-21

Provérbios 25.16,27

Provérbios 27.7

Mateus 6.25-33

Romanos 14.13-21

1 Coríntios 8.8-13

1 Coríntios 10.23-33

2 Tessalonicenses 3.10-12

1 Timóteo 6.17

4. Como Provérbios 25.28 descreve o autocontrole? De onde vem a analogia das muralhas derribadas, e por que é uma analogia adequada?

5. Leia Romanos 1.18-32. Descreva o espiral descendente do pecado. Com base nesta passagem, o que faz com que alguém fique preso num padrão pecaminoso destrutivo, e o que hoje é chamado de "vício"? Como Gálatas 5.17-26 nos mostra a saída?

6. Quais dos cinco impedimentos que consideramos no capítulo cinco podem melhor descrever sua luta pessoal com o autocontrole?

7. Como Tiago 4.2-3 é um fator na luta com o autocontrole?

8. Como Colossenses 1.29 e Filipenses 2.12-13 falam aos nossos esforços com o autocontrole?

9. Que lugar o álcool tem em suas convicções? Isso difere do que você pratica? Medite nas seguintes passagens, e nas que se encontram no apêndice, que mencionam o consumo de álcool:

Números 6.1-21

Salmos 104.14-15

Lucas 2.1-12

Romanos 13.10-14

Romanos 14.13-23

Efésios 5.15-21

1 tessalonicenses 5.5-8

1 Timóteo 3.8

Tito 2.1-4

1 Pedro 4.1-3

10. Quais são os quatro fatores que levam ao autocontrole?

Capítulo seis
A mulher sábia sabe como pensar, sentir e desejar

1. Discuta ou descreva os modos como nossos pensamentos, sentimentos e desejos podem moldar nossa vida. Cite alguns exemplos concretos.

2. Por que é sábio pesar mais os pensamentos do que os sentimentos?

3. Qual a ligação entre humildade e o pensar sabiamente?

4. Leia as seguintes passagens sobre pensamentos:
Romanos 8.5-7; 12.1-2

2 Coríntios 10.4-6

Efésios 4.17-24

Filipenses 2.3-8

Colossenses 3.1-3

1 Pedro 1.10-16

Quais imperativos (ordenanças) você vê que pertencem ao nosso pensar?

Por que, de acordo com estes versos, nosso pensar é tão vital para nossa fé?

5. Contraste o pensamento constante com o ânimo dobre. Você pode, primeiramente, ler Salmos 119.113 e Tiago 1.5-8; 4.1-8.

6. Discuta ou descreva o que significa ser obcecada por algo ou alguém. Como as obcessões podem nos impactar espiritualmente? Por que é sábio nos guardar contra pensamentos obcessivos?

7. Reveja o que Provérbios ensina sobre a ira (veja Provérbios 10.11; 14.19; 15.18; 16.32). O que podemos aprender sobre a ira, com a vida de Jesus? Efésios 4.26 nos admoesta: "Irai-vos mas não pequeis. Não se ponha o sol sobre a vossa ira". Quais são algumas formas de irar-se sem pecar?

8. De que maneira o sofrimento de Davi foi excessivo? (Leia 2 Samuel 18.1-19.8). Como nós podemos sofrer piedosamente?

9. O que muda um desejo bom em pecaminoso? O que Provérbios ensina sobre desejos que estão alinhados com a verdade de Deus? (Veja Provérbios 10.24; 11.23)

10. De acordo com Provérbios, como podemos lidar com nossos desejos de maneira piedosa?

Capítulo sete
A mulher sábia é experiente em finanças

1. Você possui um entendimento informado do orçamento financeiro, pessoal ou familiar? Por quê, ou por que não?

2. De que modo acompanhar as finanças da família pode ser um meio pelo qual realizamos nosso chamado de auxiliadoras no casamento?

3. Discuta ou descreva o ensino geral de Provérbios sobre administração do dinheiro. Provérbios liga a prosperidade financeira a quê?

4. O que Provérbios ensina sobre emprestar dinheiro? Como você acha que este ensino pode ser aplicado sabiamente, na cultura de nossos dias?

5. Provérbios 22.7 diz: "O rico domina sobre o pobre, e o que toma emprestado é servo do que empresta". Discuta ou descreva, como você tem visto isso acontecer em sua vida ou na vida de alguém que você conhece.

6. Discuta ou descreva alguns dos estresses que podem acompanhar a riqueza.

7. Leia as seguintes passagens que mencionam dinheiro: Provérbios 3.9; 13.11

Eclesiastes 5.10-12

Mateus 6.24-33

1 Timóteo 6.6-10

Hebreus 13.5-6

Descreva a atitude que um discípulo de Jesus deve ter com relação ao dinheiro. Como sua atitude se alinha com o ensino das Escrituras?

8. Releia a oração de Agur em Provérbios 30.8-9. Você pode, de coração, fazer da oração de Agur a sua? Se não, por quê não?

9. Por que o dinheiro pode ser um perigo espiritual?

10. Discuta, ou descreva da Bíblia, por qual razão há esperança para os crentes que estão enfrentando lutas em função de decisões financeiras insensatas.

Capítulo Oito
A mulher sábia resguarda sua sexualidade
1. Qual era o propósito original das instruções de Provérbios sobre pureza sexual? Por que estas instruções são importantes para as mulheres de hoje?

2. Discuta ou descreva por que motivo a atividade sexual fora do casamento é má. Dê sua resposta com base nas passagens da Bíblia: 1 Coríntios 3.1-13; 6.12-20; e 1 Tessalonicenses 4.3-8.

3. Por que somos tão suscetíveis à tentação sexual?

4. Identifique as consequências para o pecado sexual, descritas em Provérbios 5.9-21 e 7.22-27. Onde você observou a realidade destas consequências?

5. Que ligação encontramos, em Provérbios, entre o comportamento imoral e o descontentamento?

6. Discuta ou descreva alguns traços de caráter da mulher imoral em Provérbios.

7. Discuta ou descreva algumas maneiras práticas de evitar o pecado sexual.

8. Por quê o adultério é um ataque direto ao casamento, e não meramente uma violação dele?

9. Quais são algumas formas que Provérbios apresenta para guardar nosso casamento do adultério? Como estas maneiras podem ser aplicadas de modo prático, em nosso casamento?

10. Leia a história de Davi e Bateseba em 2 Samuel 11.1-12:23. Quais verdades de Provérbios, sobre o adultério, você pode ver manifestadas nesta história?

Capítulo Nove
A mulher de provérbios 31

1. Como a mulher de Provérbios 31 atua no livro de Provérbios? Em outras palavras, como devemos enxergá-la?

2. De que modo a mulher descrita em Provérbios 31 retrata a esposa em quem se pode confiar?

3. Considerando à luz de como a afirmação foi discutida no capítulo 9, você concorda que todas as mulheres são chamadas a serem donas de casa? Por quê?

4. A mulher de Provérbios 31 é descrita como ativa, desde antes do amanhecer até depois que o sol se põe. Não devemos fazer uma aplicação literal disso em nossas vidas – não conseguiríamos! Mas, que mudanças podemos realizar em nossas vidas, para melhor cumprirmos o mandamento de Paulo em Efésios 5.15-16, "Portanto, vede prudentemente como andais, não como néscios, e sim como sábios, remindo o tempo, porque os dias são maus"?

5. Leia as histórias das esposas (listadas abaixo) na Bíblia. Dê exemplos concretos de como elas se comparam e se contrastam com a esposa ideal de Provérbios 31.
Rebeca (Gênesis 25.19-27; 27.1-35)

Abigail (1 Samuel 25.1-42)

Mical (2 Samuel 6.16-23)

Jezebel (1 Reis 21.1-16)

Safira (Atos 5.1-10)

Priscila (Atos 18.1-27)

6. Discuta ou descreva todas as formas como a mulher de Provérbios 31 é apresentada como instrutora.

7. Qual é sua opinião sobre mães que trabalham fora? A mulher de Provérbios 31 influencia seu ponto de vista? O que vemos no poema, que fez seu esforço empresarial piedoso, ao invés de pecaminosamente egoísta?

8. O que podemos aprender da mulher descrita em Provérbios 31, sobre o valor da aparência da mulher? O que torna o esforço para melhorar a aparência algo piedoso ou mundano?

9. Qual o significado dos tecidos que encontramos no poema?

10. A mulher de Provérbios 31 é descrita como confiante (versos 21, 25). Qual é a base de sua confiança?

Apêndice A

Alguns tópicos em Provérbios

Abominação ao Senhor
3:32; 6:16–19; 11:1, 20; 12:22; 15:8–9, 26; 16:5; 17:15; 20:10; 20:23; 21:27; 28:9

Adultério
5:1–23; 6:23–24; 7:1–27; 23:27; 27:13; 30:20

Álcool
20:1; 23:29–35; 26:9–10; 31:4–7

Ira
14:17, 29; 15:1, 18; 16:32; 19:11, 20:2; 21:14; 22:24; 24:18; 25:23; 27:4; 29:22; 30:33

Beleza
11:22; 31:30

Gloriar-se em si mesmo
20:14; 25:14; 27:1

Conselho
15:22; 20:18; 21:30; 27:9

Desejo
10:24; 11:23; 13:2, 12, 19; 18:1; 19:2; 21:10, 25; 23:3; 24:1

Disciplina
3:11; 5:12, 23; 6:23; 12:1; 13:24; 15:10; 19:18; 22:15; 23:13; 29:17

Inveja
14:30; 23:17; 24:1, 19

Falso Testemunho
6:19; 12:17; 14:5; 17:7; 19:5, 9; 21:28; 25:18

Temor do Senhor
1:7, 29; 2:5; 3:7; 8:13; 9:10; 10:27; 14:26–27; 15:16, 33; 16:6; 19:23; 22:4; 23:17; 24:1

Palavras Insensatas
2:12, 16; 4:24; 5:3; 6:12; 7:5, 21; 10:6, 11, 14, 19, 31–32; 11:9, 11; 12:6, 13, 18; 13:3; 14:3; 15:28; 16:27; 18:6–7; 19:1; 22:14; 24:2; 25:20, 23; 26:7; 27:2; 29:20

Amizade
13:20; 14:20; 16:28; 17:9, 17; 18:24; 19:4, 6, 7; 22:11, 24; 27:6, 9, 10

Glutonaria
23:20–21; 25:16, 27; 27:7; 28:7

Bom senso
8:5; 12:8; 13:5; 16:22; 19:8, 11; 21:16

Fofoca
16:28; 17:9; 18:8; 26:20, 22

Cobiça
1:19; 3:28; 11:24; 15:27; 28:25; 30:15

Direção
1:5; 11:4; 20:18; 24:6

Ira
9:8; 10:12, 18; 13:24; 14:17; 15:17; 19:7; 25:17; 26:24, 26, 28; 29:10, 24

Altivez
6:17–18; 18:12; 21:4, 24

Coração
2:2; 3:3, 5; 4:4, 21, 23; 5:12; 6:14, 18, 21, 25; 7:3, 10, 25; 10:8, 20; 11:20, 29; 12:20, 23, 25; 13:12; 14:10, 13, 14, 30, 33; 15:13, 14, 15, 28, 30; 16:1, 5, 9, 21, 23; 17:20, 22; 18:12, 15; 19:3; 20:5, 9; 21:2, 4; 22:11, 15, 17; 23:12, 15, 17, 19, 26; 24:12; 25:20; 26:23, 24, 25; 27:9, 19; 28:14; 29:17; 31:11

Honra
3:35; 4:8; 5:9; 8:18; 11:16; 15:33; 18:12; 20:3; 21:21; 22:4; 26:1, 8; 29:23

Esperança
11:7; 13:12; 19:18; 23:18; 24:14; 26:12; 29:20

Humildade
3:34; 11:2; 15:33; 18:12; 22:4

Integridade
2:7, 21; 10:19; 11:3; 19:1; 20:7; 28:6, 18

Alegria
10:28; 12:20; 14:10, 13; 15:21, 23; 17:21

Preguiça
6:9–11; 10:4–5, 7, 26; 12:24, 27; 13:4; 15:19; 18:9; 19:15, 24; 20:4, 13; 21:25; 22:13; 24:30–34; 26:13–16

Amor
3:12; 5:19; 8:17, 21, 36; 9:8; 10:12; 13:24; 14:22; 15:9, 17; 16:6, 13; 17:9, 17; 19:8, 22; 20:6, 28; 27:5

Mentira
6:17; 10:18; 12:19–20, 22; 13:5; 14:25; 17:4, 20; 19:5, 9, 22; 21:6; 24:28; 26:28; 29:12; 30:6, 8

Casamento
5:18–19; 12:4; 18:22; 19:14; 21:9; 25:24; 27:15; 31:10–31

Planos
3:23, 29; 4:14; 6:18; 8:20; 9:6; 11:5; 12:15, 20; 14:12, 15; 15:22; 16:1, 3, 9, 17, 25; 19:2, 21; 20:18, 24; 21:2, 5, 16; 23:19; 24:8; 28:7

Parcialidade
18:5; 24:23; 28:21

Orgulho
8:13; 11:2; 16:5, 18; 21:24; 29:23

Recompensas
11:18; 13:13, 21; 22:4; 25:22

Escarnecedores
1:22; 9:7–8; 13:1; 14:6; 15:12; 19:25, 29; 21:11, 24; 22:10; 24:9; 29:8

Pecado
5:22; 13:6; 14:34; 18:24; 20:9; 21:4; 24:9; 28:7

Calúnia
10:18; 11:13; 20:19; 30:10

Confiança
3:5; 11:13; 16:20; 21:22; 22:19; 28:25–26; 29:25

Riqueza
3:9, 14; 8:19; 10:2, 4, 15; 11:4, 7, 16, 24, 28; 12:27; 13:7–8, 11, 22; 14:20; 15:16; 16:16; 18:11, 23; 19:4, 14; 20:21; 21:6, 17, 20; 22:1, 7, 16; 23:4; 27:24; 28:6, 8, 11, 20, 22; 30:8–9

Palavras Sábias
10:11, 19, 20–21, 31–32; 12:6, 14, 18–19; 13:2–3; 14:3; 15:1–2, 4, 7, 23, 28; 16:13, 23; 17:28; 18:13, 20–21, 23; 20:15; 21:23; 24:16, 26; 25:15; 26:4–5, 16; 27:2; 31:26

Trabalho
6:6; 12:14, 24; 14:23; 16:3, 26; 18:9; 21:25; 22:29; 23:4; 24:27

APÊNDICE B

Alguns bons livros para mulheres sábias

Boice, James Montgomery. *Romans, 4 vols*. Grand Rapids, MI: Baker, 1995.

Bridges, Jerry. *The Discipline of Grace: God's Role and Our Role in the Pursuit of Holiness*. New ed. Colorado Springs, CO: NavPress, 2006.

_____. *The Gospel for Real Life: Turn to the Liberating Power of the Cross... Every Day*. Colorado Springs, CO: NavPress, 2003.

_____. *Trusting God: Even When Life Hurts*. Colorado Springs, CO: NavPress, 1989.

Burroughs, Jeremiah. *The Rare Jewel of Christian Contentment*. Carlisle, PA: Banner of Truth, 1964.

Challies, Tim. *The Discipline of Spiritual Discernment*. Wheaton, IL: Crossway, 2007.

Chapell, Bryan. *Holiness by Grace: Delighting in the Joy That Is*

Our Strength. Wheaton, IL: Crossway, 2003.

DeMoss, Nancy Leigh. *Brokenness, Surrender, Holiness: A Revive Our Hearts*. Trilogy. Chicago: Moody, 2008.

Elliot, Elisabeth. *Discipline: The Glad Surrender*. Grand Rapids, MI: Revell, 1985.

Ferguson, Sinclair. *Discovering God's Will*. Carlisle, PA: Banner of Truth, 1982.

Fitzpatrick, Elyse. *Because He Loves Me: How God Transforms Our Daily Life*. Wheaton, IL: Crossway, 2010.

_____. *Idols of the Heart: Learning to Long for God Alone*. Phillipsburg, NJ: P&R, 2002.

_____. *Love to Eat, Hate to Eat: Breaking the Bondage of Destructive Eating Habits*. Eugene, OR: Harvest, 2004.

Fitzpatrick, Elyse, and Carol Cornish, eds. *Women Helping Women: A Biblical Guide to Major Issues Women Face*. Eugene, OR: Harvest, 1997.

Guinness, Os. *The Call: Finding and Fulfilling the Central Purpose of Your Life*. Nashville: Nelson, 2003.

Guthrie, Nancy. *The Wisdom of God: Seeing Jesus in the Psalms and Wisdom Books*. Wheaton, IL: Crossway, 2012.

Horton, Michael. *Christless Christianity: The Alternative Gospel of the American Church*. Grand Rapids, MI: Baker, 2008.

Hughes, Barbara. *Disciplines of a Godly Woman*. Wheaton, IL: Crossway, 2006.

Lane, Timothy S., and Paul David Tripp. *How People Change*. Greensboro, NC: New Growth Press, 2008.

Lloyd-Jones, Martyn. *Spiritual Depression: Its Causes and Cure*. Grand Rapids, MI: Eerdmans, 1965.

Lundgaard, Kris. *The Enemy Within: Straight Talk about the Po-

wer and Defeat of Sin. Phillipsburg, NJ: P&R, 1998.

Mack, Wayne A. *Humility: The Forgotten Virtue.* Phillipsburg, NJ: P&R, 2005.

Matzat, Don. *Christ Esteem: Where the Search for Self-Esteem Ends.* Eugene, OR: Harvest, 1990.

Moore, Russell. *Tempted and Tried: Temptation and the Triumph of Christ.* Wheaton, IL: Crossway, 2011.

Nielson, Kathleen, *Proverbs: The Ways of Wisdom.* Phillipsburg, NJ: P&R.

Packer, J. I. *God's Plan for You.* Wheaton, IL: Crossway, 2001.

———. *Knowing God.* Downers Grove, IL: InterVarsity, 1977.

Pink, A. W. *Practical Christianity.* Grand Rapids, MI: Baker, 1978.

Piper, John. *Don't Waste Your Life.* Wheaton, IL: Crossway, 2007.

Smart, Dominic. *When We Get It Wrong: Peter, Christ and Our Path Through Failure.* Authentic Publishing, 2005.

Welch, Edward T. *When People Are Big and God Is Small: Overcoming Peer Pressure, Codependency, and the Fear of Man.* Phillipsburg, NJ: P&R, 1997.

Notas

Capítulo 1: O que exatamente é a Sabedoria?

1. William Harrell, "The Fear of the Lord," http://www.banneroftruth.org/pages/articles/article_detail.php?66.

2. Meu antigo pastor James Montgomery Boice recontou essa história em seus próprios escritos, que foi onde eu a aprendi.

3. Um dos melhores livros sobre tudo que Jesus já fez por nós foi escrito por Dominic Smart, When We Get It Wrong: Peter, Christ and Our Path Through Failure (Authentic, 2005).

Capítulo 2: Por que a Insensatez é Realmente Ruim?

1. J. C. Ryle, Holiness (Darlington, UK: Evangelical Press, 1999), 46.

Capítulo 3: A Mulher Sábia e o Poder das Palavras

1. Westminster Larger Catechism Q. 144.
2. D. A. Carson, Jesus' Sermon on the Mount and His Confrontation with the World: An Exposition of Matthew 5–10 (Grand Rapids, MI: Global Christian, 1999), 113.

Capítulo 4: A Mulher Sábia Escolhe Cuidadosamente os seus Amigos

1. Edward Welch, When People Are Big and God Is Small: Overcoming Peer Pressure, Codependency, and the Fear of Man (Phillipsburg, NJ: P&R, 1997), 13–14; ênfase original.
2. James Montgomery Boice, Minor Prophets: Two Volumes Complete in One Edition (Grand Rapids, MI: Kregel, 1986), 94.

Capítulo 5: A mulher Sábia Conhece o Segredo do Autocontrole

1. N.E: Revista de gastronomia publicada nos EUA.
2. http://www.bravotv.com/top-chef/season-8/blogs/gail-simmons/pepperoni-sauce?page=0,1.
3. James Montgomery Boice, Romans, An Expositional Commentary, vol. 1: Justification by Faith (Grand Rapids, MI: Baker, 1991), 199–200.
4. John Piper, "Total Abstinence and Church Membership," http://www.desiringgod.org/resource-library/sermons/total--abstinence-and-church-membership.
5. Don Matzat, Christ Esteem: Where the Search for Self--Esteem Ends (Eugene, OR: Harvest House, 1990), 109; ênfase original.

Capítulo 6: A Mulher Sábia sabe como Pensar, Sentir e Desejar

1. Michael R. Emlet, "Obsession and Compulsions: Breaking Free of the Tyranny," Journal of Biblical Counseling, vol. 22 (Winter 2004): 16, 23–24.
2. James Montgomery Boice, Philippians, An Expositional Commentary (Grand Rapids, MI: Baker n.d.), 248–49.
3. James Montgomery Boice, Romans, vol 4: The New Humanity, An Expositional Commentary (Grand Rapids, MI: Baker, 1995), 1558–59.
4. Elisabeth Elliot, Discipline: The Glad Surrender (Grand Rapids, MI: Revell, 1982), 151.
5. Bryan Chapell, Ephesians, Reformed Expository Commentary (Phillipsburg, NJ: 2009), 222.
6. Arthur W. Pink, The Life of David (Grand Rapids, MI: Baker, 1981), 190. Seu extensivo tratato faz uma leitura perspicaz do sofrimento de Davi.
7. David Powlison, "Dynamics of Biblical Change", material do curso CCEF, 1995.

Capítulo 7: A Mulher Sábia É Experiente com as Finanças

1. J. I. Packer, Knowing God (Downers Grove, IL: InterVarsity, 1973), 227–28.

Capítulo 8: A Mulher Sábia Resguarda Sua Sexualidade

1. Katrina Trinko, "On the Books: Excerpts from State Adultery Laws," http://www.usatoday.com/news/opinion/forum/2010-04-26-column26_ST_N.htm.

2. Jonathan Turley, "Adultery in Many States Is Still a Crime," USA Today, April 25, 2010, http://www.usatoday.com/news/opinion/forum/2010-04-26-column26_ST_N.htm.

3. Derek Kidner, Proverbs: An Introduction and Commentary (Leicester: Inter-Varsity, 1964), 69; ênfase original.

4. Ibid., 71.

5. James Montgomery Boice, The Minor Prophets: Two Volumes Complete in One Edition (Grand Rapids, MI: Kregel, 1996), 116–17.

Capítulo 9: A Mulher de Provérbios 31

1. Douglas Sean O'Donnell, The Beginning and End of Wisdom: Preaching Christ from the First and Last Chapters of Proverbs, Ecclesiastes, and Job (Wheaton, IL: Crossway, 2011), 50–51.

2. John Piper, Don't Waste Your Life (Wheaton, IL: Crossway, 2007), 120.

3. Para mais informações, acesse http://www.biblebasics.co.uk/colours/col12.htm.

4. http://www.biblebasics.co.uk/colours/col8.htm.

5. http://rachelheldevans.com/thou-shalt-not-let-thyself-go--mark-driscoll-haggard.

6. Elyse Fitzpatrick and Jessica Thompson, Give them Grace: Dazzling your Kids with the Love of Jesus (Wheaton, IL: Crossway, 2011), 99–100.

7. Ibid., 99.

FIEL MINISTÉRIO

O Ministério Fiel visa apoiar a igreja de Deus de fala portuguesa, fornecendo conteúdo bíblico, como literatura, conferências, cursos teológicos e recursos digitais.

Por meio do ministério Apoie um Pastor (MAP), a Fiel auxilia na capacitação de pastores e líderes com recursos, treinamento e acompanhamento que possibilitam o aprofundamento teológico e o desenvolvimento ministerial prático.

Acesse e encontre em nosso site nossas ações ministeriais, centenas de recursos gratuitos como vídeos de pregações e conferências, e-books, audiolivros e artigos.

Visite nosso website

www.ministeriofiel.com.br

e faça parte da comunidade Fiel

Impresso na gráfica Viena em Abril de 2024 em papel Pólen Natural 70 para Editora Fiel.
Todo papel desta obra possui certificação FSC® do fabricante.
Produzido conforme melhores práticas de gestão ambiental (ISO 14001)
www.graficaviena.com.br